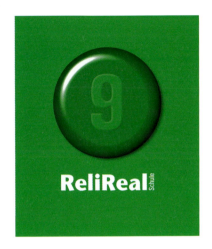

ReliReal Schule

9

Reli Realschule

**Unterrichtswerk für katholische Religionslehre
an Realschulen in den Klassen 5–10**

**Herausgegeben von
Prof. Dr. Georg Hilger und Prof. Dr. Elisabeth Reil**

**Reli Realschule 9
Erarbeitet von Thomas Henn, Ruth Iff, Andrea Peters-Daniel,
unter Mitarbeit von Sylvia Detsch, Marga Hülz, Dr. Hans Schmid**

**Zugelassen als Lehrbuch für den katholischen Religionsunterricht von den Diözesanbischöfen
von Augsburg, Bamberg, Eichstätt, München und Freising, Passau, Regensburg und Würzburg.**

ISBN 3-466-50679-4

1. Auflage 2003

Satz: Kösel-Verlag, München
Druck und Bindung: Kösel, Kempten
Illustration: Mascha Greune, München
Notensatz: Christa Pfletschinger, München
Umschlagentwurf: Kaselow Design, München

Der Kösel-Verlag ist Mitglied im »Verlagsring Religionsunterricht« (VRU)

**Unterrichtswerk für katholische Religionslehre
an Realschulen in den Klassen 5 – 10**

Herausgegeben von
Prof. Dr. Georg Hilger und Prof. Dr. Elisabeth Reil

Erarbeitet von
Thomas Henn (verantwortlich)
Ruth Iff
Andrea Peters-Daniel

Kösel

Inhalt

1

2

3

Liebe Schülerinnen, liebe Schüler,

mit diesem Religionsbuch habt ihr ein Schulbuch in der Hand, das euch beim Lernen begleiten will. Ihr könnt damit auch vielfältige Arbeitsweisen erproben.

Jedes Kapitel ist so aufgebaut, wie Menschen gewöhnlich lernen: in aufeinander folgenden Schritten:

1. Schritt:	Was soll für uns ein Thema werden? Worum handelt es sich hier?	Die **Titelseite** gibt einen ersten Eindruck vom Inhalt des Kapitels.
2. Schritt:	Welche Aspekte gehören zum Thema?	Die **Themenseite** ermöglicht einen Blick auf die Weite des Themas.
3. Schritt:	Wie kann man das Thema bearbeiten?	Die **Ideenseiten** regen zum eigenen Erarbeiten und Gestalten an.
4. Schritt:	Welche Bedeutung hat das Thema für uns, für andere Menschen, für das Leben und den Glauben?	Die **Deuteseiten** bringen Zeugnisse und Anfragen aus der Bibel, aus der Kirchengeschichte, von Menschen, die sich über das Leben und den Glauben Gedanken gemacht haben.
5. Schritt:	Welche weiteren Informationen brauchen wir, damit wir uns ein Urteil bilden können?	Die **Infoseiten** erschließen zusätzliches Wissen.
6. Schritt:	Was geht mich das an?	Die **Stellungnahmen** fordern heraus, eigene Schlüsse zu ziehen.

Es ist euch natürlich freigestellt, gegebenenfalls auch eine andere Schrittfolge zu wählen!

In einem weiteren Kapitel findet ihr Bausteine für ein **Projekt**.

Wichtige Begriffe werden im **Lexikon** am Ende des Buches erklärt. Aus Bildern und kurzen Texten erfahrt ihr interessante Hintergründe. Die Stichworte, die ihr im Lexikon findet, sind in den Kapiteln durch ein Sternchen gekennzeichnet, z. B. Atheismus*.

Euer Schulbuchteam von Reli Real 9
Die Herausgeberin und der Herausgeber

Sinn suchen – das Leben finden

Der kleine Prinz und der Weichensteller

»Guten Tag«, sagte der kleine Prinz. »Guten Tag«, sagte der Weichensteller. »Was machst du da?«, sagte der kleine Prinz. »Ich sortiere die Reisenden nach Tausenderpaketen«, sagte der Weichensteller. »Ich schicke die Züge, die sie fortbringen, bald nach rechts, bald nach links.« Und ein lichterfunkelnder Schnellzug, grollend wie der Donner, machte das Weichenstellerhäuschen erzittern. »Sie haben es sehr eilig«, sagte der kleine Prinz. »Wohin wollen sie?« »Der Mann von der Lokomotive weiß es selbst nicht«, sagte der Weichensteller. Und ein zweiter blitzender Schnellzug donnerte vorbei, in entgegengesetzter Richtung. »Sie kommen schon zurück?«, fragte der kleine Prinz... »Das sind nicht die Gleichen«, sagte der Weichensteller. »Das wechselt.« »Waren sie nicht zufrieden dort, wo sie waren?« »Man ist nie zufrieden dort, wo man ist«, sagte der Weichensteller. Und es rollte der Donner eines dritten funkelnden Schnellzuges vorbei. »Verfolgen diese die ersten Reisenden?«, fragte der kleine Prinz. »Sie verfolgen gar nichts«, sagte der Weichensteller. »Sie schlafen da drinnen oder sie gähnen auch. Nur die Kinder drücken ihre Nasen gegen die Fensterscheiben.« »Nur die Kinder wissen, wohin sie wollen«, sagte der kleine Prinz. »Sie wenden ihre Zeit an eine Puppe aus Stofffetzen, und die Puppe wird ihnen sehr wertvoll, und wenn man sie ihnen wegnimmt, weinen sie...« »Sie haben es gut«, sagte der Weichensteller.

Antoine de Saint-Exupéry

Vergnügungen

Der erste Blick aus dem Fenster am Morgen
Das wiedergefundene alte Buch
Begeisterte Gesichter
Schnee, der Wechsel der Jahreszeiten
Die Zeitung
Der Hund
Die Dialektik
Duschen, Schwimmen
Alte Musik
Schreiben, Pflanzen
Reisen
Singen
Freundlich sein

Bertolt Brecht

Die Pest

Albert Camus' Roman »Die Pest« beschreibt Ausbruch und Verlauf einer Pestepidemie in der nordafrikanischen Stadt Oran. Als ein kleiner Junge an der Pest stirbt, wird das Grundthema des Buches deutlich: die offensichtliche Sinnlosigkeit des Leidens, die Frage nach Gott, der dieses zulässt und die daraus resultierende Ablehnung Gottes (Atheismus*).

»Das Kind wurde ins Hilfsspital gebracht; in einem ehemaligen Klassenzimmer standen nun sechs Betten. Nach etwa zwanzig Stunden betrachtete Rieux (der Arzt) den Fall als hoffnungslos. Der kleine Körper ließ sich wehrlos vom Gift verzehren. Ganz kleine, schmerzhafte, aber kaum ausgebildete Beulen versperrten die Gelenke seiner zarten Glieder. Er war im Voraus besiegt.

Eben zog sich das Kind mit einem Stöhnen wieder zusammen, als wäre es in den Magen gebissen worden. Während langer Sekunden blieb es so gekrümmt, von Schauern und krampfartigem Zittern geschüttelt, als würde sein zarter Leib von dem wütenden Pestwind geknickt und unter dem feurigen Atem des Fiebers zerbrochen. Wenn der Sturm vorüber war, entspannte es sich ein wenig, das Fieber schien sich zurückzuziehen und es schwer atmend auf einem feuchten und vergifteten Ufer liegen zu lassen, wo die Ruhe schon dem Tode glich. Als die glühende Flut das Kind zum dritten Mal erreichte und es ein wenig emporhob, kauerte es sich zusammen, kroch voll Entsetzen vor der sengenden Flamme tiefer ins Bett, bewegte den Kopf wie irrsinnig und warf die Decke von sich. Dicke Tränen drangen unter den entzündeten Lidern hervor und rollten über das bleifarbene Gesicht; als der Anfall vorüber war, nahm das erschöpfte Kind mit seinen verkrampften, knochigen Armen und Beinen, die in 48 Stunden völlig abgemagert waren, im zerwühlten Bett die groteske Stellung eines Gekreuzigten ein ...

Pater Paneloux ließ sich auf die Knie gleiten und alle fanden es natürlich, als sie ihn mit erstickter Stimme sagen hörten: »Mein Gott, rette dieses Kind!« Doktor Rieux wandte sich Pater Paneloux zu. »Es gibt Zeiten in dieser Stadt, da ich nur mehr meine Empörung spüre.« »Ich verstehe«, murmelte Pater Paneloux. »Es ist empörend, weil es unser Maß übersteigt. Aber vielleicht sollten wir lieben, was wir nicht begreifen können.« »Nein, Pater«, sagte Rieux. »Ich habe eine andere Vorstellung von der Liebe. Und ich werde mich bis in den Tod hinein weigern, die Schöpfung zu lieben, in der Kinder gemartert werden.«

Albert Camus

Glück ist (für mich) wie …

Überlegt euch in Gruppen, was für euch Glück ist. Sammelt dazu Fotos oder Ausrisse aus Zeitungen. Gestaltet daraus eine Collage und stellt sie euch gegenseitig vor.

Achtet auf die Gemeinsamkeiten und Unterschiede der verschiedenen Collagen und haltet diese in Stichwörtern fest.

Sprichworte vom Himmel sammeln

Mit vielen Sprichwörtern drücken die Menschen aus, was sie unter »Himmel« verstehen. Sammelt solche Sprichwörter und vergleicht sie.

Meine Pyramide der Bedürfnisse bauen

In eine Stufenpyramide mit sechs Stufen kannst du eintragen, was für dich als Lebensgrundlage am wichtigsten ist. Trage ganz unten ein, was für dich unverzichtbares Fundament ist. Vergleicht eure Pyramiden.

Nach dem Sinn des Lebens fragen

Meinungsforscher haben Menschen in Deutschland befragt, was für sie der Sinn des Lebens ist und worin sie – aus dieser Liste – den Sinn des Lebens sehen.
Führt eine solche Befragung bei euch durch. Welche Unterschiede zeigen sich?

Privates Glück

– Dass ich glücklich bin und viel Freude habe.
– Dass meine Familie versorgt ist.
– Dass es meine Kinder gut haben.
– Das Leben genießen.
– Im Leben etwas leisten, es zu etwas bringen.
– Etwas von der Welt sehen.
– Dass ich es zu einem eigenen Haus, einem Eigenheim bringe.
– Dass ich viel Geld habe, reich werde.

Beziehung zur Gesellschaft

– Dass ich von meinen Mitmenschen geachtet werde, Ansehen habe.
– Dass andere mich mögen, dass ich bei anderen beliebt bin.
– An meinem Platz mithelfen, eine bessere Gesellschaft zu schaffen.
– Ganz für andere da sein, anderen helfen.
– Mit allen Kräften mich für eine bestimmte Idee einsetzen.

Verantwortung wahrnehmen

– Dass ich vor mir selbst bestehen kann.
– Tun, was mein Gewissen mir sagt.
– Das tun, was Gott von mir erwartet
– Sehe keinen Sinn.

Mein Traumberuf ...

Auf Themenseite ⑧ findest du das Foto eines jungen Mannes, der ganz in seine Arbeit vertieft ist. Bei welchen Tätigkeiten geht es dir ähnlich? Beschreibe deinen Traumberuf, den du als Bereicherung erleben könntest. Informiere dich darüber, z. B. im Internet, beim Arbeitsamt, in anderen Fächern ...

Ein Märchen umschreiben

Das Märchen »Hans im Glück« erzählt die Geschichte eines Menschen auf der Suche nach Glück. Du findest es in einer Märchensammlung. Schreibe das Märchen so um, als wenn es in der Gegenwart handelte. Überlege gut, welche Gegenstände ein heutiger »Hans« tauschen würde.

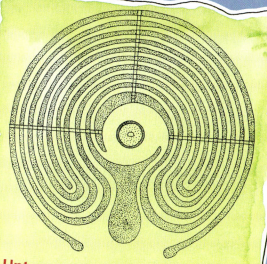

Unterwegs im Labyrinth

Das Labyrinth ist ein uraltes Bild für den (Lebens-)Weg der Menschen. Im Auf und Ab, der Nähe und der Entfernung zur Mitte kannst du ein Symbol für Ereignisse im Leben sehen.

Zeichne ein Labyrinth oder lasse dir die Kopie davon geben. Gehe mit einem Stift den Weg durch das Labyrinth. Welche Gedanken gehen dir dabei durch den Kopf? Sicher kommen dir an manchen Stellen Ereignisse aus deinem Leben in den Sinn. Trage sie in das Labyrinth ein. Auf den ersten Blick wirkt das Kreuz in diesem Labyrinth wie nachträglich aufgesetzt und unterbricht die verschiedenen Wege. Überlege beim Durchgang durch das Labyrinth: »Was durchkreuzt und was behindert meinen Lebensweg?«

Meine Überlebensration einpacken

Stelle dir vor, du musst für ein Jahr auf eine einsame Insel. Deine Grundbedürfnisse wie Essen, Kleidung und Wohnung sind gesichert. Für den Rest hast du nur begrenzte Mitnahmemöglichkeiten. Welche fünf Dinge möchtest du unbedingt mitnehmen, um einigermaßen glücklich leben zu können?

Wortspiele spielen

In dem Wort Sehnsucht stecken die Verben »sehnen« und »siechen, krank sein«. Überlege dir, wonach du dich sehnst. Schreibe in eine Spalte daneben, was du in deinem Leben suchen willst.

Frag-würdige Sinnangebote: Esoterik

Anne, 38 Jahre, hat vor zwei Jahren eine Esoterik*-Buchhandlung eröffnet. Sie schreibt über die Beweggründe ihrer Arbeit:

Ich bin von meinen Eltern religiös erzogen worden, musste jeden Sonntag in die Kirche gehen usw. Irgendwann als Erwachsene habe ich aber dann aus verschiedenen Gründen den Kontakt zur Kirche verloren. Trotzdem glaube ich noch an Gott, aber nicht so, wie es mir früher beigebracht worden ist. Ich denke, dass Gott eine Kraft in Allem ist; in jedem Menschen, in Tieren, Pflanzen oder auch Steinen. Nicht so, dass wir zu ihm als Gegenüber beten könnten, aber so, dass wir die Einheit des Ganzen spüren. Durch Rituale*, Meditationen u. Ä. können wir mit dieser göttlichen Kraft in Kontakt kommen und uns diese auch selbst zu Nutze machen.

Ich selbst habe dann angefangen, mich mit anderen Religionen zu beschäftigen, insbesondere mit dem Hinduismus und dem Buddhismus, und dabei auch verschiedene Meditationstechniken ausprobiert. Daraus habe ich mir meine eigene Weltanschauung zusammengebaut. Ich bin der Meinung, dass jeder und jede selbst entscheiden muss, was er oder sie glaubt. Wichtig ist sowieso nicht so sehr das »Richtige« zu denken, sondern das eigene Erfahren oder Erleben. Und gerade in diesen Dingen muss jeder und jede seinen oder ihren eigenen Weg finden.

Ich verkaufe in meiner Buchhandlung ja auch Bücher über Psychotechniken, d. h. über verschiedene Verfahren, mit denen sich das eigene Denken und Fühlen beeinflussen und steuern lässt. Manche davon würde ich selbst nie anwenden, aber ich meine, dass jeder selbst ausprobieren sollte, was für ihn richtig ist. Ich meine, dass das, was wir denken und fühlen, sich auch in unserem Leben und dem, was uns zustößt, widerspiegelt.

Wenn ich z. B. krank werde oder einen Unfall habe, so ist das ein Zeichen dafür, dass ich zu viele »kranke« oder schlechte Gedanken wie Hass, Zorn oder Habgier mit mir herumtrage.

Deshalb sehe ich auch keinen großen Sinn in politischen Aktionen, Demonstrationen, Streiks o. Ä. Es ist bestimmt viel wirkungsvoller zu versuchen, das negative Denken der anderen durch positive Gedanken und Rituale zu überwinden, als sich wieder auf Kampf, Konfrontation und Konflikte mit anderen einzulassen.

Unser Leben und unsere Zukunft werden durch unsere Gedanken gesteuert. Deshalb ist es meiner Meinung nach schon möglich, durch Kartenlegen, verschiedene okkulte Methoden wie das Gläser- oder Tischchenrücken oder auch das Befragen von Kristallen Einblick in unsere geheimen Wünsche und unsere Zukunft zu bekommen. Ich selbst pendle auch oft Dinge aus, wenn ich mir bei einer Entscheidung nicht sicher bin. Das hilft mir, mich von meinem Schicksal leiten zu lassen.

Worum es letztlich geht? Ich glaube, jeder von uns ist auf der Suche nach seinem eigenen Weg. Im Lauf der Menschheitsgeschichte haben die Menschen verschiedenste Techniken entwickelt, die uns bei dieser Suche helfen können. Ich möchte mit meiner Buchhandlung und ihrem Angebot dazu beitragen, dass mehr Menschen sich selbst begegnen und sich mit ihrem eigenen Weg auseinander setzen können. Auch die Seminare, die ich hier anbiete, sollen helfen, dass sich jeder aus diesem Angebot das heraussuchen kann, was ihm gut tut. Das alles gibt es natürlich nicht umsonst – aber wenn sie den echten Wunsch haben, sich weiterzuentwickeln, sind meine Kunden gern bereit, auch ein bisschen mehr zu bezahlen. Ich verdiene mit meiner Lebenseinstellung schließlich auch meinen Lebensunterhalt.

Feng Shui
Vastu
Geomantie
Ernährung
Ayurveda
Astrologie
Shiatsu
Tai Chi & QiGong
Edelsteine
Körpersprache
Taoismus
Buddhistische
Lebenshilfe
Chakra
Zahlensymbolik
Kabbala
Kundalini
Pendel & Ruten
TCM Literatur

TAO Book-Shop

Buchliste
kostenlos
anfordern

XXI

① ② Die WELT

- Sicher gibt es auch in deiner Umgebung verschiedenste esoterische Angebote. Überlege, aus welchen Gründen sie für immer mehr Menschen attraktiv erscheinen.
- In dem Text Annes findest du Aussagen, die du vermutlich als fragwürdig bezeichnen würdest, wie z. B. die Meinung »Krankheit ist nichts anderes als der Ausdruck ›schlechter‹ oder ›kranker‹ Gedanken.« Auch der Umgang der Esoterikszene mit verschiedenen Weltreligionen und Meditationstechniken oder die Auffassung, dass unser Leben vom Schicksal geleitet werde – man bezeichnet dies auch als Fatalismus* – sind durchaus zu hinterfragen. Setze dich kritisch mit den Aussagen des Textes auseinander und beziehe dabei auch das in den vergangenen Jahren erworbene Wissen über die Weltreligionen in die Diskussion mit ein.
- Anne verkauft in ihrer Buchhandlung unter anderem Bücher über das Gläserrücken und andere okkulte* Phänomene. Informiert euch darüber, wie sich solche Phänomene erklären lassen, und diskutiert, welche Gefahren damit verbunden sein können.
- Manche Menschen geraten in Abhängigkeit von esoterischen, okkulten oder satanistischen* Zirkeln und Sekten und können sich aus eigener Kraft nicht mehr daraus lösen. In den meisten größeren Städten gibt es Sektenbeauftragte, die ihr zu diesem Thema befragen könnt; unter www.ezw-berlin.de findet ihr weitere Informationen.

Möglichkeiten, das Leben zu deuten:

Welches, ihr Mönche, ist die edle Wahrheit vom Leiden?

Geburt ist leidvoll, Alter ist leidvoll,
Krankheit ist leidvoll, Tod ist leidvoll,
des Weiteren Kummer, Wehklagen, Leid, Gram und Verzweiflung,
Berührung mit Unlieben ist leidvoll,
Trennung von Lieben ist leidvoll,
unbefriedigte Begierde ist leidvoll.

Welches, ihr Mönche, ist die edle Wahrheit von der Ursache des Leidens?

Wahrlich, der Ursprung des Leidens ist die Begierde,
die Begierde nach sinnlicher Lust, nach Leben und Vernichtung.

Welches, ihr Mönche, ist die edle Wahrheit von der Aufhebung des Leidens?

Wahrlich, es ist die Leidenschaftslosigkeit, die restlose Zerstörung der Begierde
nach sinnlicher Lust, nach Leben und nach Vernichtung.

Welches, ihr Mönche, ist die edle Wahrheit von dem zur Aufhebung des Leidens führenden Pfad?

Wahrlich, es ist dies der edle achtfache Pfad:
der rechten Anschauung, der rechten Gesinnung,
des rechten Redens, des rechten Handelns,
des rechten Lebensunterhalts, des rechten Strebens,
der rechten Achtsamkeit und der rechten Meditation.

Siddharta Gautama (Buddha)

- »Welchen Sinn hat unser Leben? Welchen Sinn hat das Leid und der Tod?« das sind Fragen, die Menschen aus allen Altersgruppen beschäftigen. Schreibt dazu Stichworte auf und sucht gemeinsam nach Antworten, die euch überzeugen. Befragt auch andere dazu.
- Die Antworten auf den Sinn des Lebens bei Buddha* und bei Franziskus* haben unterschiedliche Ausgangspunkte. Tauscht euch darüber aus und versucht diese zu formulieren.
- In Mt 5,1-12 deutet Jesus das Leben nach seinen Maßstäben. Schreibt die Maßstäbe Jesu heraus und stellt entsprechende aktuelle Situationen daneben.
- Wähle eine der vier Fragen von Buddha aus und beantworte sie auf deine Weise. Suche dir aus dem Lobpreis des Franziskus eine Strophe aus, die dich sehr anspricht, und gestalte sie in Schrift und Bild!

Buddha und Franziskus

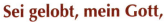

Sei gelobt, mein Gott,
in all deinen Geschöpfen,
vor allem Bruder Sonne,
der den Tag bringt und uns leuchtet,
schön ist er
und strahlend in großem Glanz:
Von dir, Höchster, ist er uns Gleichnis.

Sei gelobt, mein Gott,
durch Schwester Mond und die Sterne,
an den Himmel hast du sie gestellt,
klar und kostbar schön.

Sei gelobt, mein Gott,
durch Bruder Wind und die Lüfte,
und Wolken und heiteren Himmel
und jegliches Wetter,
durch welches du deine Geschöpfe erhältst.

Sei gelobt, mein Gott,
durch Schwester Wasser,
sehr nützlich und demütig
und köstlich und keusch.

Sei gelobt, mein Gott,
durch Bruder Feuer,
durch den du die Nacht erleuchtest.
Schön ist er und fröhlich,
kräftig und stark.

Sei gelobt, mein Gott,
durch unsere Schwester, die Mutter Erde,
die uns trägt und ernährt
und vielerlei Früchte bringt
und farbige Blumen und Gras.

Sei gelobt, mein Gott, durch jene,
die verzeihen um deiner Liebe willen
und Unsicherheit und Traurigkeit ertragen.
Selig, die in Frieden verharren.
Sie werden von dir gekrönt.

Sei gelobt, mein Gott,
durch unsere Schwester, den leiblichen Tod.
Selig die, welche sie findet einverstanden
mit deinem heiligsten Willen.
Ihnen kann der zweite Tod
nichts Böses tun.

Lobt und preist meinen Gott!

Franziskus von Assisi

Zu Gott rufen – Halt suchen

Ein Mann lebte in dem fernen Lande Uz, der hieß Ijob. Ijob hatte eine Frau, sieben Söhne und drei Töchter, ein großes Gut, 7000 Schafe, 3000 Kamele, 500 Gespanne Rinder und 500 Eselinnen, dazu Knechte, Mägde und alles, was sich ein Mensch nur wünschen kann. Und dennoch war er nie stolz und hochmütig. Er war zu allen freundlich, half jedem, der in Not war, hatte Ehrfurcht vor Gott und tat nie etwas Böses. Selbst für seine Kinder brachte er Opfer dar für den Fall, dass sie einmal Böses tun.

Eines Tages geschah es, dass das Gefolge Gottes, die himmlischen Wesen, vor Gott trat. Unter ihnen war auch »der Prüfer«. Dem Prüfer haben die Menschen später auch andere Namen gegeben: Sie nannten ihn den Hinderer, den Versucher, den Verführer, das Böse oder Satan.

»Wo kommst du her?«, fragte Gott den Prüfer. »Ich habe die Erde durchwandert«, antwortete der Prüfer, »ich habe gesehen, was die Menschen tun und treiben.« »Hast du auch Acht gegeben auf meinen Knecht Ijob?«, fragte Gott, »denn keiner im ganzen Lande ist so treu und so gottesfürchtig wie er.« »Meinst du, dass Ijob umsonst so fromm ist?«, entgegnete der Prüfer. »Er weiß genau, warum er zu dir hält. Er tut es nur, weil du sein Haus bewachst, weil du ihm Reichtum schenkst und seine Arbeit gut gelingen lässt. Er hat doch alles, was ein Mensch sich wünschen kann. Wenn der nicht fromm und glücklich ist, wer ist es dann? Aber strecke nur einmal deine Hand nach ihm aus und nimm ihm seinen Reichtum weg. Du wirst sehen, er wird sich von dir abwenden.« »Gut«, sagte Gott, »für eine Weile gebe ich alles, was er hat, in deine Hand. Nur nach seiner Person strecke deine Hand nicht aus.« Darauf ging der Prüfer weg vom Angesicht Jahwes.

Nun geschah es eines Tages, da kam ein Bote zu Ijob gehastet und rief: »Herr, etwas Furchtbares ist passiert. Wir pflügten mit den Rindern auf den Feldern und die Eselinnen liefen nebenher, da fielen Feinde über uns her, erschlugen die Knechte und nahmen alle Tiere mit sich fort. Und ich allein bin entronnen um es dir zu melden.« Als der Bote noch redete, kam schon der Zweite und rief: »O Herr, ein Unheil ist passiert! Wir waren mit den Herden auf den Hügeln, da fiel Feuer vom Himmel und verbrannte alles, die Hirten und die Herden. Und ich allein bin entronnen um es dir zu melden.« Kaum hatte der zweite Bote ausgeredet, da kam ein Dritter hereingestürzt. »Mein Herr«, rief er, »drei Rotten Feinde haben uns überfallen, die Kameltreiber erschlagen und alle dreitausend Kamele mit sich fortgetrieben! Und ich allein bin entronnen um es dir zu melden.« Die schlimmste Botschaft brachte der Vierte: »Herr, deine Söhne und Töchter feierten ein Fest im Hause ihres ältesten Bruders. Da brach plötzlich ein Sturm los, riss das Haus ein und warf es auf die jungen Leute, dass sie starben. Und ich allein bin entronnen um es dir zu melden.«

Da stand Ijob auf und zerriss vor Kummer sein Kleid, schor sein Haupt, fiel auf die Erde und neigte sich tief. Er schrie: »Nackt bin ich auf die Welt gekommen und nackt werde ich wieder von der Welt gehen.

- Die Erzählung von Ijob steht im Alten Testament im Buch Ijob. Heute noch nennen wir schlimme Nachrichten »Hiobsbotschaften«. Die Ijobserzählung geht noch weiter. Suche im Alten Testament das Buch Ijob. Lies einige Abschnitte; die Abschnittüberschriften helfen, dass du dich zurechtfindest.
- An späterer Stelle beklagt sich Ijob bei Gott: »Zum Ekel ist mein Leben mir geworden ...« (Ijob 10,1). Er streitet mit Gott. Hast du dich schon einmal bei Gott beklagt? Du kannst es versuchen.
- Schreibe eine Ijobsgeschichte von heute, in der ein Mensch alles verliert, was ihm wichtig ist, und dennoch nicht verzweifelt.
- Schreibe Sätze über Gott, die scheinbare Widersprüche enthalten:
  Gott ist kein mächtiger Herrscher, aber er ist stark, weil er bei den Schwachen ist.
  Gott hat keine laute Stimme, aber eine wunderbare Stille.
  Gott gibt nicht die Antwort auf alle Fragen, aber er ist bei allen, die nach ihm fragen.

Hanns H. Heidenheim

Jahwe hat's gegeben, Jahwe hat's genommen. Der Name Jahwes sei gelobt!« So betete Ijob, aber gegen Gott fluchte er nicht.

Danach geschah es, dass das Gefolge Gottes wieder vor Gott trat und der Prüfer unter ihnen war. »Wo kommst du her?«, fragte Gott. »Ich habe die Erde durchzogen«, antwortete der Prüfer. »Hast du auch Acht gegeben auf meinen Knecht Ijob?«, fragte Gott. »Keiner ist so fromm und gerecht wie er. Du hast mich überredet, ihn in deine Hand zu geben und hast ihm viel Leid zugefügt. Du hast mich überredet, dass ich ihn ohne Grund leiden ließ. Doch noch immer ist er fromm und hält zu mir.« »Kein Wunder«, sagte der Prüfer. »Alles kann der Mensch entbehren, solange er selbst gesund bleibt. Aber taste mal sein eigenes Fleisch an! Lass ihn krank werden und Schmerzen bekommen, ich wette, er wird sich von dir wenden und nichts mehr von dir wissen wollen.« »Er ist in deiner Hand«, sagte Gott, »aber bewahre sein Leben!«

Da bekam Ijob eine schreckliche Krankheit. Sein ganzer Körper bedeckte sich mit grässlichen Geschwüren, von den Fußsohlen bis zum Scheitel hinauf. Ijob konnte nicht liegen und nicht stehen. In Asche setzte er sich und schabte sich die Geschwüre mit Tonscherben. Seine Frau sprach zu ihm: »Ich verstehe nicht, warum du immer noch zu Gott hältst, du siehst doch, wie er dich leiden lässt. Ist das der Lohn für deine Frömmigkeit? Verabschiede dich von deinem Gott und stirb!«

Dieses Gespött war für Ijob schlimmer als die Schmerzen. »Du redest, als ob du närrisch bist. Viel Gutes haben wir von Gott empfangen, sollten wir da das Böse nicht auch annehmen?«

Und wieder sündigte Ijob mit keinem Wort gegen Gott.

Wo ist Gott?

Als wir eines Tages von der Arbeit zurückkamen, sahen wir auf dem Appellplatz drei Galgen. Antreten. Ringsum die SS mit drohenden Maschinenpistolen, die übliche Zeremonie. Drei gefesselte Todeskandidaten, darunter der kleine »Pipel«, der Engel mit den traurigen Augen.

Die drei Verurteilten stiegen zusammen auf ihre Stühle.

Drei Hälse wurden zu gleicher Zeit in die Schlingen eingeführt.

»Es lebe die Freiheit!«, riefen die beiden Erwachsenen. Das Kind schwieg.

»Wo ist Gott, wo ist er?«, fragte jemand hinter mir. Auf ein Zeichen des Lagerchefs kippten die Stühle um. Absolutes Schweigen herrschte im ganzen Lager. Am Horizont ging die Sonne unter.

»Mützen ab!«, brüllte der Lagerchef. Wir weinten. »Mützen auf!«

Dann begann der Vorbeimarsch. Die beiden Erwachsenen lebten nicht mehr. Ihre geschwollenen Zungen hingen bläulich heraus.

Aber der dritte Strick hing nicht reglos: Der leichte Knabe lebte noch.

Mehr als eine halbe Stunde hing er so und kämpfte vor unseren Augen zwischen Leben und Sterben seinen Todeskampf.

Und wir mussten ihm ins Gesicht sehen.

Er lebte noch, als ich an ihm vorüberschritt.

Hinter mir hörte ich denselben Mann fragen: »Wo ist Gott?«

Und ich hörte eine Stimme in mir antworten: »Wo er ist?

Dort – dort hängt er am Galgen.«

Elie Wiesel

Da sein bis zum Ende ...

In den letzten Jahren wurden in vielen Städten Hospizvereine gegründet. Der Begriff »Hospiz« kommt aus dem Lateinischen (wörtlich: Herberge, Gastfreundschaft). Früher waren Hospize Herbergen auf den Pilgerwegen, die Menschen aufnahmen, die Hilfe und Versorgung auf ihrem Pilgerweg brauchten. Die Hospizbewegung hat sich zur Aufgabe gemacht, Hilfe zu geben *im* Sterben, aber nicht *zum* Sterben. Dabei wollen sie Schwerkranke und Sterbende in ihrem letzten Lebensabschnitt liebevoll begleiten. Diese Begleitung ist von dem Gedanken getragen, dass das Sterben ein Lebensabschnitt ist, der trotz des Verlustes und der Trauer auf seine Art wertvoll ist. Ziel der Hospize ist es, ein menschenwürdiges Sterben in vertrauter Umgebung – entweder ambulant, also zu Hause, oder stationär – zu ermöglichen. Der Schwerkranke soll dabei keine Schmerzen erleiden müssen. So sollen die Sterbenden und ihre Angehörigen die letzte Zeit bewusst gestalten können, sie sollen Zeit haben zum Abschiednehmen und zur Trauer. Die Hospize wollen in unserer Gesellschaft, in der das Sterben oft verdrängt wird, einen bewussten Umgang mit Sterben und Tod erreichen. Hospize sehen sich christlichen Grundwerten verpflichtet, sie sind jedoch offen für alle Weltanschauungen.

Aus der Arbeit eines Hospizteams

Der Mann trat mir selbstbewusst entgegen. Klar, er müsse sterben. Jetzt gehe es darum, diese letzten Wochen vernünftig zu organisieren. Er wolle keine Schmerzen leiden und sich von seinen Freunden verabschieden. So haben wir ihn als Hospiz-Team begleitet. Dafür gesorgt, dass medizinische Schmerzversorgung sichergestellt war. Mitgeholfen, dass alle wichtigen Freunde sich verabschieden konnten. Eine schöne Erfahrung. Nicht verdrängt, offen darüber geredet. Euch allen, Freunde, Adieu!

Eine Frau kam zu uns und suchte aktive Sterbehilfe. Natürlich konnten wir ihr diesen Wunsch nicht erfüllen. Sie wollte sterben, jetzt sterben und suchte jemanden, der ihr das Gift besorgte. Sie war einsam geworden auf ihrer letzten Wegstrecke. Mag sein selbstverschuldet. Aber wir konnten ihr als Hospiz-Team helfen. Regelmäßig hat sie eine Helferin besucht. Ihr ein wenig Lebensfreude in die Wohnung gebracht. Bis zum Schluss.

Als der junge Mann anrief, klang Ratlosigkeit aus seiner Stimme. Eine Arbeitskollegin, unheilbar an einem Tumor erkrankt, läge im Krankenhaus. Keine Angehörigen. Was tun? Man konnte sie doch nicht einfach so liegen lassen. Wir haben als Hospiz-Team geholfen, eine Betreuungsgruppe zu bilden, und haben diese begleitet. Junge Menschen kümmerten sich um die Sterbenskranke und begleiteten die Frau bis zum Schluss.

- »Menschenwürdig sterben stelle ich mir so vor ...« Denkt darüber nach und tauscht euch aus über Vorstellungen von einem menschenwürdigen Tod!
- In Deutschland gibt es derzeit ca. 1000 Initiativen der Hospizbewegung. Informiert euch über Hospizvereine in eurer Umgebung (z. B. unter Hospiz-Verein Bayern, Tiergartenstraße 19, 98123 Litzendorf). Vielleicht könnt ihr sogar eine Mitarbeiterin oder einen Mitarbeiter über die Erfahrungen und ihren Einsatz befragen oder in die Klasse einladen!
- Du kennst sicher die Geschichte vom barmherzigen Samariter in Lk 10,25–37. Bringe sie in Zusammenhang mit der Hospizidee.

Deklaration der Menschenrechte Sterbender

Ich habe das Recht,   bis zum Tod als lebendiger Mensch behandelt zu werden.

Ich habe das Recht,   mir ein Gefühl der Hoffnung zu bewahren, egal, wie diese Hoffnung begründet sein mag.

Ich habe das Recht,   meine Gefühle und Gedanken, die der nahende Tod in mir auslöst, auf meine Weise zum Ausdruck zu bringen.

Ich habe das Recht   auf volle medizinische und pflegerische Zuwendung, auch wenn ich nicht mehr geheilt werden kann.

Ich habe das Recht,   nicht einsam sterben zu müssen.

Ich habe das Recht,   nicht unnötig leiden zu müssen.

Ich habe das Recht   auf die Zuwendung meiner Familie und Freunde und diese haben das Recht, Hilfe zu erhalten, damit sie meinen Tod besser akzeptieren können.

Ich habe das Recht,   von mitfühlenden und klugen Menschen gepflegt zu werden.

Ich habe das Recht   auf Mitbestimmung bei allen Entscheidungen, die meine Pflege betreffen.

Ich habe das Recht,   nicht getäuscht zu werden, auf alle Fragen eine ehrliche Antwort zu erhalten.

Ich habe das Recht,   friedlich und in Würde zu sterben.

Ich habe das Recht,   dass die Unantastbarkeit des Körpers nach meinem Tod respektiert wird.

Diese Deklaration unter dem Titel »Die Rechte der Sterbenden« wurde 1975 in den USA erarbeitet; es gibt sie seither in unterschiedlichen Fassungen.

Einsatz für das Leben

Ruth Pfau – Ein Leben gegen die Hoffnungslosigkeit

»Vor vierzig Jahren habe ich mich entschlossen, in Pakistan als Lepra-Ärztin zu arbeiten, weil ich es nicht mehr ertragen konnte, einfach nur zuzusehen, wie Menschen ihre Würde verweigert wurde, einfach nur weil sie krank waren. Ich hoffte, wir könnten für diese Menschen erfahrbar machen, dass auch sie geliebt, angenommen, bejaht sind. Denn die gesellschaftliche Ächtung dieser Menschen, diese panische Angst der Gesunden vor der Krankheit, die Stigmatisierung, die sie der Stimme beraubte – all das war schwerer zu ertragen als die Krankheit selbst. Zu wissen, dass die eigene Familie, der eigene Klan sie verstoßen, aus dem Gedächtnis gelöscht haben.«

Dr. Ruth Pfau wurde 1929 in Leipzig geboren. Mit 20 Jahren begann sie in Mainz und Marburg Medizin zu studieren. Während ihrer Studienjahre war sie getrieben von der Suche nach einer bestimmenden Kraft für ihr Leben. Sie fand diese Kraft schließlich im christlichen Glauben. 1951 ließ sie sich evangelisch taufen und trat 1953 zur katholischen Kirche über. 1957 trat sie dem Orden der »Töchter vom Herzen Mariä« bei. Es war in Deutschland die Zeit des Wirtschaftswunders und des beginnenden Wohlstandes. Ruth Pfau wollte all dem entfliehen. Sie wollte auf das Wesentliche konzentriert leben zusammen mit Armen und Schwachen.

1960 sandte ihr Orden sie nach Pakistan. Die erste Begegnung mit leprakranken Menschen war bestimmend für ihr künftiges Leben:

»Dieser erste Besuch in der Leprakolonie ist für mein Leben entscheidend gewesen. Es gibt halt im Leben solche Situationen, in denen die Fäden zusammenlaufen. So wie man sagt: Eine wirklich große Liebe trifft man nur einmal.«

Ruth Pfau musste unter schwierigsten Bedingungen Strukturen schaffen für die Behandlung von Kranken, die abseits der Gesellschaft standen und mit denen niemand etwas zu tun haben wollte: Leprakranke, »Aussätzige«.

Mit Geduld, Zähigkeit und der Unterstützung vieler Helferinnen und Helfer schaffte sie es. Das Krankenhaus in der Altstadt von Karachi ist heute Ausbildungsinstitut für Leprabekämpfung. Auf dem Land baute sie ein Versorgungs- und Betreuungsnetz mit von ihr ausgebildeten Assistenten für lepra- und tuberkulosekranke Menschen auf.

1996 hatten Ruth Pfau und ihr einheimisches Team ein großes Erfolgserlebnis: Sie hatten es geschafft, die Lepra in Pakistan unter Kontrolle zu bringen. Langfristig will sie die Leprapatienten in die Gesellschaft integrieren und die Bevölkerung umfassend über Vorsorge und frühzeitige Behandlung aufklären.

Ruth Pfau schöpft ihre Kraft aus einer totalen Bejahung des Lebens. Sie glaubt an das Gute im Menschen. Durch ihre Arbeit schafft sie Raum für Würde, Hoffnung und Glück in einer oft feindlichen Umwelt.

- Die Deutsche Lepra- und Tuberkulosehilfe (www.dahw.de) unterstützt die Arbeit von Dr. Ruth Pfau. Dort könnt ihr euch über Lepra und ihre Bekämpfung informieren.
  Ihr findet dort auch Möglichkeiten, wie ihr diese Arbeit unterstützen könnt.
- Im so genannten Compassion Projekt, an dem sich schon viele Schulen beteiligen, geht es um die Frage, wie Solidarität und »Mit-Leidenschaft« in einer sich entsolidarisierenden Welt geschaffen werden können. Informationen und Hinweise auf praktische Möglichkeiten könnt ihr auf der Homepage ww.schulstiftung-freiburg.de/compas16 oder beim Sekretariat der Deutschen Bischofskonferenz, Bonner Thalweg 177, 53129 Bonn erhalten.

Dominikus Ringeisen – für Menschen mit Behinderungen

Das 19. Jahrhundert war in vielerlei Hinsicht noch von erbärmlicher Not und von Elend geprägt. Jeder musste sehen, wo er blieb und wie er seinen Unterhalt fristen konnte. Gerade für Menschen mit einer Behinderung gab es wenig Platz. Sie waren auf sich gestellt oder mussten von ihrer Familie durchgebracht werden. Ihr Leben war geprägt durch die niedrigsten Arbeiten und die Verachtung der Umgebung. Keiner kümmerte sich um sie.

Dieses Elend konnte der schwäbische Priester Dominikus Ringeisen nicht mehr länger ansehen. Als er in den Jahren 1864-1871 als Kaplan im Allgäu wirkte, lernte er die Not der Familien, die ein behindertes Kind hatten, und deren oft unbeschreibliches Elend kennen. Seine Mitmenschen reagierten weitgehend mit Unverständnis auf seine Bemühungen um diese Menschen. 1882 kam er nach Kaufbeuren und traf dort die wohlhabende Monika Seemüller. Ihr erzählte er von seinen Gedanken, die ihm bei der Begegnung mit der Not gekommen waren. Er wollte diesen Menschen helfen und ihnen ein echtes Zuhause geben. Allerdings fehlten ihm dazu die Mittel. Von Frau Seemüller bekam er 20.000 Goldmark und konnte damit das leerstehende Kloster Ursberg erwerben. Er wollte ein Haus für Menschen mit verschiedenartigen Behinderungen errichten. Dort sollten die Begabungen und Stärken der behinderten Menschen entdeckt und gefördert werden. Durch echte Arbeit sollte ihr Selbstwertgefühl gestärkt und sollten sie im Rahmen ihrer Möglichkeiten in die Gesellschaft eingegliedert werden. Ringeisen war überzeugt davon, dass man durch gute Pflege das Leiden lindern könne und dadurch Schulung und Beschäftigung möglich seien. Am 1. Dezember 1884 wurde die in der Sprache der Zeit so genannte »Kretinenanstalt« in Ursberg eröffnet.

Für seine Ideen gewann er auch andere überzeugte Mithelferinnen. Er gründete die St. Josefs-Kongregation, eine Gemeinschaft von Schwestern nach der Regel des 3. Ordens des hl. Franziskus*, die sich mit ebenso viel Gottvertrauen wie er an diese schwierige Aufgabe machten. Es waren Frauen, die sich mit Verzicht auf jeden Lohn dem Werk zur Verfügung stellten.

Schnell breitete sich die Bewegung aus. Ringeisen erwarb an verschiedenen Plätzen weitere Häuser. Am 4. Mai 1904 starb er. Die »Ursberger Schwestern«, wie man die St. Josefskongregation bald allgemein nannte, führten die Idee weiter. 1996 erfolgte die rechtliche Abtrennung des Dominikus-Ringeisen-Werkes in eine eigene Stiftung. Es betreibt Behinderteneinrichtungen und -werkstätten in ganz Bayern.

- In eurer Nähe gibt es auch Einrichtungen der Behindertenhilfe. Forscht nach den Ursprüngen und erkundet bei einem Besuch, mit welchem Verständnis die Mitarbeiter/-innen dort arbeiten.

DurchKreuztesLeben

Das Kreuz ist ein starkes Symbol für das Leiden der Menschen, aber auch für den Umgang mit dem Leid und dafür, wie aus dem Leid neues Leben wachsen kann. Die folgende Meditation möchte euch dieses Symbol des Kreuzes erschließen.
Lege dir dazu einen frischen Zweig (z. B. einen Weidenzweig) von ca. 25 cm Länge zurecht und folge den Schritten der Meditation.

I. Gerade sein

Betrachte deinen Ast und fühle ihn.
Dieses Stück Ast – ein Gleichnis für mich und mein Leben?
Jung, gesund und voller Kraft.
Alles in meinem Leben sollte glatt gehen!

II. Gespannt sein

Spanne den Ast mit beiden Händen an, erst leicht, dann etwas stärker.
Anspannung – Stress – Belastung.
Wie viel davon kann ich wohl verkraften?
Was halte ich aus?
Ich will mich nicht unterkriegen lassen, damit werde ich schon fertig ...

III. Belastet bis zum Äußersten

Biege deinen Ast immer stärker und spüre die starke Spannung.
Angespannt bis zum Äußersten.
Wird es zuviel?
Ich glaube, ich schaffe das nicht mehr.
Jetzt geb ich auf!

IV. Angeknackst sein

Biege deinen Ast bis er knackst, aber nicht ganz durchbricht.
Es war zuviel!
Sinnlos!
Ich möchte aufgeben.
Wie soll es jetzt weitergehen?

V. Gebrochen sein

Sieh die Bruchstelle des Astes genau an.
Der glatte Ast – aufgebrochen.
Die Oberfläche aufgerissen bis in die Mitte.
Bis ins Innere geöffnet und verletzt.
So wie ich?
Was werden die anderen dazu sagen?

Gehe mit einem anderen, einer Freundin, einem Freund zusammen, lass den gebrochenen Stab des anderen auf dich wirken und fügt dann beide eure gebrochenen Äste an der Bruchstelle kreuzweise zusammen.

Zwei Äste – gebrochen, verletzt und schwach.
Die Stelle des Gebrochenseins –
Eine Chance für Begegnung, für echtes Verstehen?

VI. Gekreuzt sein

Biegt die Stäbe etwas zurecht und betrachtet das gemeinsame Kreuz.
Ich bin gekreuzt mit dem anderen.
Mein Stab, sein Stab –
Unser gemeinsames Kreuz!
Wird unsere schwächste Stelle unsere stärkste?
Wächst aus meiner Schwachheit Kraft?
Ist das vielleicht der Sinn von Leid?

DAS KREUZ
UNSER KREUZ
JESU KREUZ
IST ZEICHEN DER BEGEGNUNG,
IST EIN NEUER ANFANG,
IST LEBEN
FÜR MICH,
FÜR UNS!

Nach Gott fragen – ein Leben lang

Ein Gespräch über Gott

Der Roman »Die Farbe Lila« der schwarzamerikanischen Autorin Alice Walker beschreibt die Geschichte von Celie, die sich aus einem Leben in Unterdrückung und Armut befreit, aus der Ichperspektive (= gerade Schrift). In der unten abgedruckten Textstelle spricht Celie mit ihrer Freundin Shug (= kursiver Text) über ihre Vorstellungen von Gott. Die Autorin verwendet dabei die Umgangssprache der schwarzamerikanischen Bevölkerung. Die Übersetzung gibt diese durch umgangssprachliche Ausdrücke und entsprechende Schreibweise wieder.

Mein Leben lang wars mir egal, was die Leute denken von dem, was ich getan hab, sag ich. Aber tief in meinem Herzen is Gott mir wichtig gewesen. Was er denkt. Und jetzt find ich raus, dass er gar nix denkt. Einfach nur da droben hockt und frohlockt, dass er taub is, nehm ich an. ... Die Sünder habens schöner, sag ich.

Und weißt du warum?, fragt sie.

Weil ihr euch nicht die ganze Zeit wegen Gott Kopfschmerzen macht, sag ich.

Nä, das isses nich, sagt sie. – *Wir machen uns schon Kopfschmerzen wegen Gott. Aber wenn wir mal das Gefühl haben, Gott liebt uns, dann tun wir alles, dass wir ihm Freude machen mit dem, was uns Spaß macht.*

Willst du mir erzählen, Gott liebt euch, wo ihr noch nie was für ihn getan habt? Ich mein, nich in die Kirche geht, nich im Chor singt, dem Prediger kein Essen bringt und all das?

Aber wenn Gott mich lieb hat, Celie, dann brauch ich das alles doch nich tun. Außer ich will's. Gibt Massen andere Sachen, die ich tun kann, wenn ich glaub, Gott hat sie gern.

Wasn da?, frag ich.

Na, sagt sie. *Ich kann mich einfach zurücklehnen und Sachen bewundern. Glücklich sein. Es schön haben.*

Na das klingt aber ganz schön gotteslästerlich.

Sie sagt: *Celie, sag die Wahrheit, hast du Gott jemals in der Kirche gefunden? Ich nie. Ich hab nur einen Haufen Leute gefunden, die gehofft haben, dass er sich zeigt. Alles von Gott, was ich in der Kirche gespürt hab, hab ich schon mit reingebracht. Und ich glaub, die ganzen andern auch. Sie kommen in die Kirche, dass sie Gott teilen, nich Gott finden. ...*

Erzähl mir, wie dein Gott aussieht, Celie ...

Na gut, sag ich. Er is mächtig und alt und groß, graubärtig und weiß. Er hat weiße Gewänder an und is barfuß.

Blaue Augen?, fragt sie.

So ne Art Blaugrau. Kühl. Aber groß. Weiße Wimpern, sag ich.

Sie lacht ...

Dann erzählt sie mir, dass dieser alte weiße Mann der gleiche Gott is, den sie gesehen hat, wenn sie gebetet hat.

Wenn du darauf wartest, dass du Gott in der Kirche findest, Celie, sagt sie, *dann kommt todsicher der da. Weil der nämlich da wohnt ...*

Und das isses, sagt Shug. *Das, was ich glaub. Gott is in dir drin und in jedem anderen auch. Du kommst schon auf die Welt mit Gott. Aber nur, wer innen sucht, findet Es. Und manchmal wird Es offenbar, auch wenn du Es nicht suchst oder nicht weißt, wonach du suchst. Bei den meisten Leuten, wenn sie Kummer haben, denk ich. Sorgen, ach Gott. Sich hundeelend fühlen.*

Es?, frag ich.

Jaja, Es. Gott is nich ein Er oder eine Sie, sondern ein Es.

Aber wie sieht Es aus?, frag ich.

Sieht nich wie irgendwas aus, sagt sie. *Is doch kein Kino. Es is nix, was du von was anderem getrennt ankucken kannst, einschließlich dir selbst. Ich glaub, Gott is alles,* sagt Shug. *Alles, was is oder gewesen is oder sein wird. Und wenn du das spürst und froh bist, dass dus spürst, dann hast dus gefunden ...*

Sie sagt: *Mein erster Schritt von dem alten weißen Mann weg waren die Bäume. Dann die Luft. Dann die Vögel. Dann andere Leute. Aber an einem Tag, wie ich ganz still dagesessen bin und mich gefühlt hab wie ein Kind ohne Mutter, und das war ich ja, da kam es mir: so ein Gefühl, dass ich ein Teil von allem bin, nich abgetrennt. Ich hab gewusst, wenn ich einen Baum fäll, blutet mein Arm. Und ich hab gelacht und geweint und bin im ganzen Haus rumgerannt. Ich hab genau gewusst, was Es war.*

Dann sprach Gott all diese Worte: Ich bin Jahwe, dein Gott, der dich aus Ägypten geführt hat, aus dem Sklavenhaus.
Du sollst neben mir keine anderen Götter haben. Du sollst dir kein Gottesbild machen und keine Darstellung von irgendetwas am Himmel droben, auf der Erde unten oder im Wasser unter der Erde. Du sollst dich nicht vor anderen Göttern niederwerfen und dich nicht verpflichten, ihnen zu dienen.

Ex 20,1-5a

Er hat sich versteckt

Rebbe Baruchs Enkel Jechiel kam in Tränen aufgelöst in die Lehrstube des Meisters gerannt. »Jechiel, Jechiel, warum weinst du?« »Mein Freund ist gemein! Er ist unfair! Er hat mich ganz allein gelassen, darum weine ich!« »Willst du mir das nicht von Anfang an erzählen?« »Sicher, Großvater, wir haben Verstecken gespielt, ich musste mich verstecken und er war dran, mich zu suchen. Aber ich hatte mich so gut versteckt, dass er mich nicht finden konnte. Da hat er aufgegeben, er hörte einfach auf, mich zu suchen und das ist unfair.« Rebbe Baruch begann, Jechiels Gesicht zu streicheln und ihm selbst traten Tränen in die Augen. »So ist es auch mit Gott, Jechiel«, flüsterte er leise. »Stell dir seinen Schmerz vor. Er hat sich versteckt und die Menschen suchen ihn nicht. Verstehst du, Jechiel? Gott versteckt sich und der Mensch sucht ihn nicht einmal.«

Elie Wiesel

Rupprecht Geiger, 1972

Von keinem geliebt, von keinem gehasst
starb heute nach langem, mit himmlischer Geduld
ertragenem Leiden
GOTT.
Die Beisetzung findet heute Nacht in aller Stille
auf dem St. Zebedäus-Friedhof statt.

Wolfdietrich Schnurre

Ich glaube an die Sonne, auch wenn sie nicht scheint.
Ich glaube an die Liebe, auch wenn ich sie nicht spüre.
Ich glaube an Gott, auch wenn er schweigt.

Wandinschrift im Warschauer Getto

Gottes Nähe ausdrücken

Die Bibel bietet eine Fülle von Bildern der Nähe Gottes. Finde mit einem Partner weitere. Denkt euch auch eigene Bilder aus:

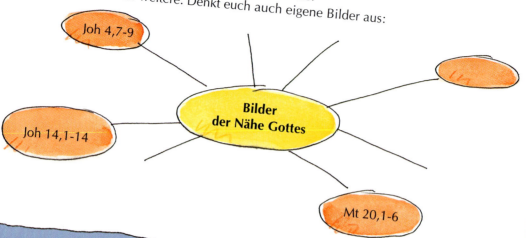

Joh 4,7-9

Joh 14,1-14

Bilder der Nähe Gottes

Mt 20,1-6

Vorstellungen aufspüren – frühere und heutige

Jede Generation drückt ihre Vorstellungen von Gott anders aus, z. B. auch in Liedern. Eine Reihe davon findet ihr im Gotteslob, z. B. in Nr. 257, 276, 467, 621. Ordnet die Bilder und Aussagen zeitlich und stellt sie einander gegenüber!

Debattieren

Entwerft zu zweit ein Streitgespräch zwischen einem gläubigen Menschen und einem Menschen, der die Existenz Gottes leugnet. Argumente findet ihr auch auf Ideenseite ⑩ und im Lexikon unter dem Stichwort Atheismus*.

Figuren zeichnen

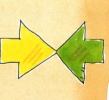

Drücke deine Beziehung zu Gott in einer geometrischen Figur aus. Zeige sie einem anderen und lasse sie dir von ihm erklären. Sage dann erst deine Gedanken dazu.

Was wäre, wenn ...?

»Wenn es Gott nicht gibt,
ist alles erlaubt
und über Gut und Böse
wird nirgendwo geurteilt!«

Fjodor Dostojewski

Überlegt, wie solch eine Welt ohne Gott aussehen würde.

Über Gott sprechen

Im Alltag begegnet uns Gott öfter in Ausdrücken und Redewendungen. Achte z. B. auch einmal bei Fernsehsendungen, in Zeitungen oder in der Werbung darauf, in welchen Zusammenhängen und wie dort von Gott gesprochen wird!
Interessant kann es auch sein, mit den Eltern oder Großeltern über ihre Gottesvorstellungen zu sprechen.

Ein Gedicht schreiben

Gib dem Dichter Antworten! Versuche ein Gegengedicht zu schreiben, z. B.
»Wenn es Gott gibt, dann kann ich mich ihm in allen Lagen anvertrauen.«

keine antworten

wenn es gott gibt
warum nimmt er das junge
lässt das alte dahinsiechen
wenn es gott gibt
warum nimmt er meine freunde
lässt mich als waisen zurück
wenn es gott gibt
warum nimmt er meine fragen
lässt mich ohne antworten zurück

Nevfel Cumart

Vorstellungen entwickeln

In diesem Kapitel findest du viele Bilder, die sich Menschen von Gott machen. Sicher gibt es noch mehr.
Welche Vorstellungen hast du?
Woher hast du dein Bild von Gott?
Du kannst auch aussuchen, welches dir am besten und welches dir am wenigsten gefällt.

Ein Gott-Plakat gestalten

Ich glaube an Gott, weil ...
Ich glaube nicht an Gott, weil ...
Gott stelle ich mir vor wie ...

Wenn ich das Wort Gott höre,
denke ich an ...

Wähle einen oder zwei Satzanfänge aus und schreibe dazu etwas auf einen Papierstreifen. Du kannst auch ein Bild malen.
Gestaltet aus den Sätzen und Bildern gemeinsam ein Plakat, schaut es euch in Ruhe an. Wenn ihr mögt, tauscht euch darüber aus.

Vorstellungen entwickeln

Gott ist wie der Wind, überall.

Markus, 11 Jahre

Jessica, 12 Jahre

»Wenn du ein Kind bist, dann verstehst du alles: Mister Gott sitzt auf einem goldenen Thron; er hat einen langen weißen Bart und einen Schnurrbart und eine Krone hat er auf dem Kopf. Und alle um ihn rum singen die ganze Zeit wie die Verrückten. Immerzu Hymnen und so Zeug. Kein Mensch kann das aushalten.

Und Mister Gott macht einfach alles, wenn man bloß nett genug darum bittet. Er kann Willy nebenan eine Warze auf die Nase machen zur Strafe, weil er Millie verhaut. All so was macht er ganz fabelhaft, und darum ist er so wichtig, und man benützt ihn die ganze Zeit.

Und 'n bisschen später, dann denkt man ganz was anderes, und Mister Gott ist immer schwieriger zu verstehen. Aber es geht noch gerade.

Dann kommt einem plötzlich vor, als wenn er uns nicht mehr verstehen will. Jetzt hört er einfach nicht mehr zu. Er sieht es plötzlich nicht ein, dass man unbedingt ein neues Fahrrad braucht. Und dann kriegt man auch keins. Und dann versteht man ihn schon viel weniger.

Und wenn man noch älter wird, so wie ich oder so wie du, Fynn, dann ist es schon wieder schwieriger. Und dabei wird er irgendwie kleiner. Und man versteht ihn nur noch so viel wie viele andere Sachen, die auch schwierig sind. Die ganze Zeit in deinem Leben bröckeln da Stücke von ihm ab. Und dann kommt der Punkt, da sagst du, du verstehst ihn überhaupt nicht mehr. Siehst du, und dann ist er wieder ganz ganz ganz groß. So groß, wie er in Wirklichkeit ist. Und wumm, da lacht er dich aus, weil du so blöd warst.«

In: Hallo, Mister Gott, hier spricht Anna

- Anna beschreibt, wie sich das Gottesbild eines Menschen im Laufe seines Lebens entwickeln kann. Bringe die Kinderbilder in Bezug zu Annas Beschreibung.
- Erinnere dich, wie du dir als Kind Gott vorgestellt hast und wie sich diese Vorstellung gewandelt hat.
- Bringe deine eigene Vorstellung von Gott in einem Bild oder einer Zeichnung zum Ausdruck.

Ich glaube, Gott ist nur eine Sage.
Aber andersrum glaube ich an Gott.
Das wandert in mir hin und her.

Ich weiß gar nicht, was ich zum Thema Gott
sagen soll.
In der Kirche wird es mir immer ganz anders
im Magen; wenn sie dann immer von Gott erzählen,
fängt man an, an Gott zu glauben.
Aber am nächsten Tag glaubt man schon wieder nicht
an Gott, und so geht es hin und her.

Wenn man irgendwo hingeht, z. B. ins Altersheim,
sieht man oft Bilder vom Kreuz. Aber bei der
Geschichte von Daniel soll ja Gott ihn vor dem
Löwenkäfig befreit haben. Ob das wahr ist,
weiß keiner.

Sascha St., 5.Klasse, 10 Jahre

Michaela, 15 Jahre

Es macht mir Schwierigkeiten an Gott zu glauben, da
es keinen Anhaltspunkt gibt (den ich gesehen habe),
dass es Gott überhaupt gibt. Ist es nicht doch vielleicht eine Erfindung der Menschheit, ist es nicht
doch eine Vorstellung, eine Utopie, wie es einmal
gewesen sein soll oder werden soll? »Gott«, das ist
ein Wort, nichts anderes, doch für viele Menschen ist
dieses Wort eine Stütze, dieses Wort füllt das Leben
aus. Doch die Schwierigkeit an dieses »Wort« zu
glauben liegt darin, dass man sich »Gott«, wie er sein
soll, nicht vorstellen kann. Z. B. die Bibel: Ist sie
nicht ein Werk der Menschen, von Menschen
geschaffen, erdacht und aufgeschrieben, eine Art
Gesetzbuch? Und der, den man Gott nennt, wird als
Symbolfigur benützt, als die Figur, nach der jeder
Mensch streben sollte?

Berufsschüler, ca. 18 Jahre

Heute ist Gott für mich viel mehr ein Gefühl. Gott ist
für mich in der Liebe, die ich anderen Menschen
gegenüber empfinde, und auch in der Liebe, die mir
entgegengebracht wird. ... In der Liebe ist für mich
Gott.

16-jährige Schülerin, Gymnasium

In aller Unruhe weiß ich mich doch in einer großen
und allmächtigen Hand gehalten.

Student, 19 Jahre

Johannes, 16 Jahre

... das Unsagbare ausdrücken

Buddhismus

DAS GÖTTLICHE LEER UND DOCH NICHT LEER

Ich weiß:
Alle Gegensätze sind leer und ohne Form.
Doch dieses Nicht- Form ist weder leer
noch nicht-leer,
und dies ist die wahre Gestalt des Tathagata
(des Göttlichen).

klassischer Zen-Text

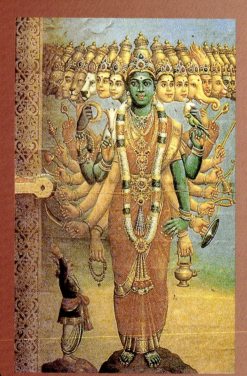

Hinduismus

DER EINE UND DIE VIELEN

Ein und derselbe Mond spiegelt sich
in allen Wassern.
Alle Monde im Wasser
sind eins in dem einen einzigen Mond.

Judentum

JAHWE: DER ICH-BIN-DA

Höre, Israel!
JAHWE, unsere Gott, JAHWE ist einzig.
Darum sollst du den Herrn, deinen Gott,
lieben mit ganzem Herzen,
mit ganzer Seele
und mit ganzer Kraft.

Dtn 6,4

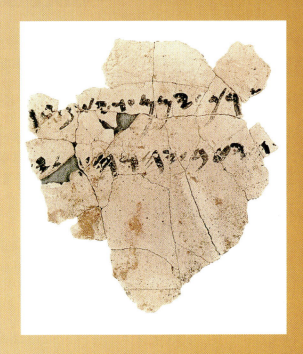

Islam

ES GIBT KEINEN GOTT AUßER GOTT

Es gibt keinen Gott
außer Allah
und Muhammad
ist der Gesandte Allahs.

Gott bekennen ...

Ich glaube
an den Schöpfer des Universums
den Herrn der Weltgesetze
den Gott der Menschenherzen
der alles in allem ist
Heiliger Geist
Brennende Mitte
Fleisch gewordenes Wort
Alpha und Omega

Ich glaube
dass Jesus durch sein Leben
die Menschenfreundlichkeit Gottes
verkündet hat
und seine Botschaft
uns die Richtung zur wahren
Menschwerdung aufzeigt

Ich glaube
an ein ewiges Leben
und dass der Mensch auch im Tod
nicht tiefer fallen kann
als in Gottes Hände
und dort ist Leben
Amen

Magdalena Marx

- Auf Deuteseite ③②f. und hier findest du Texte und Bilder aus verschiedenen Religionen. Schau genau hin und versuche Gemeinsamkeiten und Unterschiede in den Gottesvorstellungen herauszufinden und zu formulieren.
- Du kannst dich auch im Lexikon noch einmal über Gottesbilder* in den unterschiedlichen Religionen informieren.
- Magdalena Marx schrieb das Glaubensbekenntnis in ihren Worten. Vergleiche den Text mit dem Apostolischen Glaubensbekenntnis. Du findest es im Gotteslob 2,5. Achte dabei besonders auf die Aussagen über Jesus Christus. Schreibe nun in Anlehnung an das Apostolische Glaubensbekenntnis eines in deiner Sprache. Könnt ihr euch in einer Gruppe auf einen gemeinsamen Text einigen?
- Das Bild rechts trägt den Titel »Die wahre Dreiheit in der wahren Einheit«. Dies soll im Aufbau, in der Farbgebung des Bildes und in der Haltung der menschlichen Gestalt dargestellt werden.
  Setze das Bild in Beziehung zu den Aussagen über die Dreieinigkeit* von Vater, Sohn und Heiligem Geist! Wie wirkt das Bild auf dich?

Menschen erfahren Gott

Ein Engel rührte Elija an und sprach: Steh auf und iss! Als er um sich blickte, sah er neben seinem Kopf Brot, das in glühender Asche gebacken war, und einen Krug mit Wasser. Er aß und trank und legte sich wieder hin. Doch der Engel des Herrn kam zum zweiten Mal, rührte ihn an und sprach: Steh auf und iss! Sonst ist der Weg zu

weit für dich. Da stand er auf, aß und trank und wanderte, durch diese Speise gestärkt, vierzig Tage und vierzig Nächte bis zum Gottesberg Horeb. Dort begab er sich in eine Höhle um darin zu übernachten.

Doch das Wort des Herrn erging an ihn: Was willst du hier, Elija? Er sprach: Mit leidenschaftlichem Eifer bin ich für den Herrn, den Gott der Heere, eingetreten, weil die Israeliten deinen Bund verlassen, deine Altäre zerstört und deine Propheten mit dem Schwert getötet haben. Ich allein bin übrig geblieben und nun trachten sie auch mir nach dem Leben. Der Herr antwortete: Komm heraus und stell dich auf den Berg vor den Herrn!

Da zog der Herr vorüber: Ein starker, heftiger Sturm, der die Berge zerriss und die Felsen zerbrach, ging dem Herrn voraus. Doch der Herr war nicht im Sturm. Nach dem Sturm kam ein Erdbeben. Doch der Herr war nicht im Erdbeben. Nach dem Beben kam ein Feuer. Doch der Herr war nicht im Feuer. Nach dem Feuer kam ein sanftes, leises Säuseln. Als Elija es hörte, hüllte er sein Gesicht in den Mantel, trat hinaus und stellte sich an den Eingang der Höhle.

1 Kön 19,5b-13

- Kannst du dir die Situationen, die Elija erlebt vorstellen? Versuche entsprechende Bilder zu malen. Ihr könnt Sturm, Erdbeben, Feuer und leises Säuseln auch als Geräusche darstellen.
  Betrachte das Bild. Nimm selbst die Haltung der dargestellten Hände ein. Spüre nach, was du dabei empfindest. Wie geht es jemandem, der sich in diesen Händen befindet?

großer gott klein

großer gott:
uns näher als haut
oder halsschlagader
kleiner
als herzmuskel
zwerchfell oft:
zu nahe
zu klein
wozu
dich suchen?

wir:
deine verstecke

Kurt Marti

Absage

Als Gott
den Himmel
verließ
um die Menschen
zu suchen
ging er zu
Kranken und Toten
Besessenen und Gefangenen
Aussätzigen und Bettlern
Gott lebt mit denen
die hungrig sind

Andrea Schwarz

Menschen gehen zu Gott in ihrer Not,
flehen um Hilfe, bitten um Glück und Brot,
um Errettung aus Krankheit, Schuld und Tod.
So tun sie alle, alle, Christen und Heiden.

Menschen gehen zu Gott in Seiner Not,
finden ihn arm, geschmäht, ohne Obdach und Brot,
sehn ihn verschlungen von Sünde, Schwachheit und Tod.
Christen stehen bei Gott in Seinen Leiden.

Gott geht zu allen Menschen in ihrer Not,
sättigt den Leib und die Seele mit seinem Brot,
stirbt für Christen und Heiden den Kreuzestod
und vergibt ihnen beiden.

Dietrich Bonhoeffer

- In den Gedichten findest du Bekanntes und Ungewohntes über Gott. Stelle gegenüber! Manche dieser Bilder kannst du auch in der Bibel wiederfinden, andere sind neu.
- Schreibe selbst in offener Form einen lyrischen Text über Gott. Du kannst dazu die Form eines »Elfchens« (60) wählen.
- Du findest in diesem Buch Informationen über verschiedene Menschen, die Gottes Nähe spüren lassen. Bringe sie mit den Gedichten in Beziehung.

... wie eine Mutter

Freut euch mit Jerusalem! Jubelt in der Stadt, alle, die ihr sie liebt.
Seid fröhlich mit ihr, alle, die ihr über sie traurig wart.
Saugt euch satt an ihrer tröstenden Brust,
trinkt und labt euch an ihrem mütterlichen Reichtum!
Denn so spricht der Herr:
Seht her: Wie einen Strom leite ich den Frieden zu ihr
und den Reichtum der Völker wie einen rauschenden Bach.
Ihre Kinder wird man auf Armen tragen und auf den Knien schaukeln.
Wie eine Mutter ihren Sohn tröstet,
so tröste ich euch;
in Jerusalem findet ihr Trost.

Jes 66, 10 – 13

Komm herab, o heil'ger Geist,
der die finst're Nacht zerreißt,
strahle Licht in diese Welt.
Komm, der alle Armen liebt,
komm, der gute Gaben gibt,
komm, der jedes Herz erhellt.

Höchster Tröster in der Zeit,
Gast, der Herz und Sinn erfreut,
köstlich Labsal in der Not.
Komm, o glückselig Licht,
in der Unrast schenkst du Ruh,
hauchst bei Hitze Kühlung zu,
spendest Trost in Leid und Tod.

Ohne dein lebendig Wehn
kann im Menschen nichts bestehn,
kann nichts heil sein noch gesund.
Was befleckt ist, wasche rein,
Dürrem gieße Leben ein,
heile du, wo Krankheit quält.

Wärme du, was kalt und hart,
löse, was in sich erstarrt,
lenke, was den Weg verfehlt.
Gib dem Volk, das dir vertraut,
das auf deine Hilfe baut,
deine Gaben zum Geleit.
Lass es in der Zeit bestehn,
deines Heils Vollendung sehn
und der Freude Ewigkeit.
Amen Halleluja

- Das Alte und das Neue Testament sprechen auch von weiblichen Seiten Gottes. Lest dazu Jes 42,14; Jes 49,15; Hos 11,4; Num 11,12; Lk 15,8 – 10 und Mt 23,37.
- Gott hat zwar kein Geschlecht, vereint jedoch in seinem Wesen männliche und weibliche Seiten. Überlege, was sich in der Vorstellung von Gott verändert, wenn man sagt »Gott, wie Vater und Mutter ...«?
- Auf der Deuteseite (39) siehst du eine außergewöhnliche Darstellung der Dreieinigkeit* Gottes aus dem Deckenfresko der Kirche in Urschalling. Hier wird der Hl. Geist weiblich dargestellt. Dies kann man durch die Übersetzung des hebräische Wortes *ruach* – die Geistin erklären. Schreibe den Text der Pfingstsequenz um, indem du die männliche Form »Heiliger Geist« durch die weibliche Form »Heilige Geistin« ersetzt. Wie klingt der Text dann?
- Vergleiche die so genannten Gnadengaben des Hl. Geistes im Gotteslob Nr. 52.2 mit dem Handeln einer Mutter.

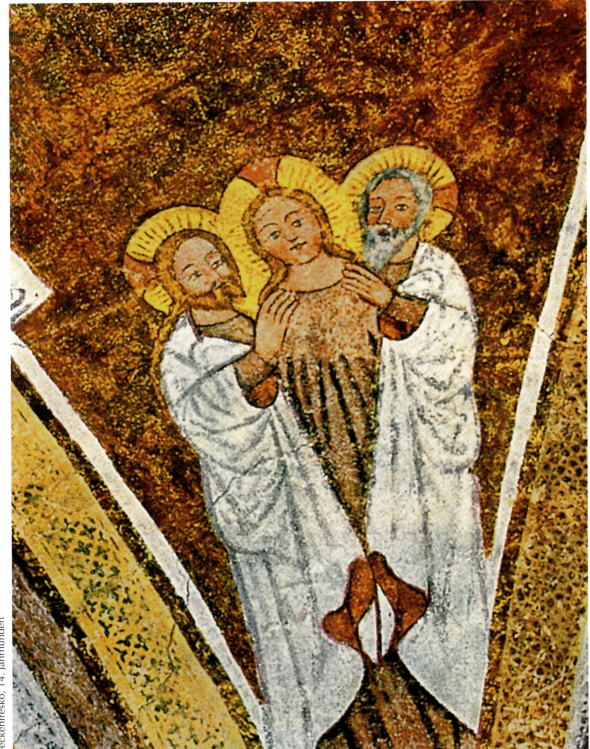

Deckenfresko, 14. Jahrhundert

Gott erfahren

Einander segnen

Wir alle brauchen Zeichen des Vertrauens und der Hoffnung. Einander segnen, also einander etwas Gutes zusprechen, heißt, das erste JA in unserem Leben, Gottes JA zu uns zu erneuern.
Wasser ist Ausdruck der göttlichen Quellen in uns. Wir zeichnen uns z. B. beim Abschied mit Weihwasser ein Kreuzzeichen auf die Stirn. Das erinnert uns an die Taufe, in der wir von Anfang an ohne eigenes Zutun von Gott angenommen und gesegnet wurden.
Auch in anderen Gesten können wir diesen Segen ausdrücken:
– Wenn wir einander umarmen
– Wenn wir uns beim Abschied ein gutes Wort sagen
– Mit einem Freundschaftsbändchen

Kraft zum Unterwegssein

Kraft zum Unterwegssein
wünsche ich dir:
Gottes Bestärkung in deinem Leben
Mut zur Versöhnung
wünsche ich dir:
Gottes Wohlwollen in deinem Leben
Grund zur Hoffnung
wünsche ich dir:
Gottes Licht in deinem Leben
Vertrauen zum Miteinander
wünsche ich dir:
Gottes Verheißung, sein Volk zu sein
Begeisterung zum Aufbruch
wünsche ich uns:
Gottes Wegbegleitung und Segen.

Pierre Stutz

Sich entscheiden –
verantwortlich handeln

Was ein Kind gesagt bekommt

Der liebe Gott sieht alles.
Man spart für den Fall des Falles.
Die werden nichts, die nichts taugen.
Schmökern ist schlecht für die Augen.
Kohlentragen stärkt die Glieder.
Die schöne Kinderzeit kommt nicht wieder.
Man lacht nicht über ein Gebrechen.
Du sollst Erwachsenen nicht widersprechen.
Man greift nicht zuerst in die Schüssel bei Tisch.
Sonntagsspaziergang macht frisch.
Zum Alter ist man ehrerbötig.
Süßigkeiten sind für den Körper nicht nötig.
Kartoffeln sind gesund.
Ein Kind hält den Mund.

Bertolt Brecht

Gerd Petermeyer, 1992

Wo endet Freundschaft?

Ralf hatte genau gesehen, dass sein Freund Peter mit seinem Mofa die Straße überquerte, als die Ampel schon Rot zeigte. Dabei streifte er eine Frau, die zu Boden stürzte und sich am Arm verletzte. Peter bat Ralf, er möge bei der Polizei für ihn als Zeuge dafür auftreten, dass die Ampel noch auf Grün stand, als er die Frau anfuhr. Einen Augenblick zögerte Ralf. Aber dann wusste er, was er tun sollte.

Aus einer Schulordnung von 1913
§1

Der Eintritt in das Schulhaus und das Schullokal geschieht lautlos und ohne Geräusch. Vor dem Eintritt haben die Schüler ihre Schuhe zu reinigen. Hüte, Mützen usw. sind an dem dazu bestimmten Platze abzulegen. Es ist streng untersagt, dass die Schüler lärmen, im Schul- oder Klassenzimmer umherlaufen, sich um den Ofen stellen oder überhaupt nur von ihren Plätzen wegrücken.

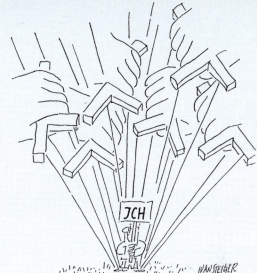

Gewissen lässt sich nicht einfach abschieben.

erledigt

Man muss Gott mehr gehorchen als den Menschen.

Apg 5,29

Gedankensplitter zum Gewissen

Das so genannte böse Gewissen sollte eigentlich das gute heißen, weil es ehrlich die Wahrheit sagt.

Wilhelm Busch

Das Gewissen des Menschen ist das Denken Gottes.

Victor Hugo

Das Gewissen hindert uns nicht, Sünden zu begehen. Aber es hindert uns, sie zu genießen.

Salvador de Madariaga y Rojo

Ohne Gewissen weiß die Freiheit nicht, was sie mit sich anfangen soll.

Thomas Merton

Gesetze zu verschärfen ist manchmal notwendig. Notwendiger ist es, unser Gewissen zu schärfen.

Richard von Weizsäcker

Sein Gewissen war rein. Er benutzte es nie.

Stanislaw Jerzy Lec

Eine Gewissensfrage ...

Irgendwo in Europa stand eine krebskranke Frau kurz vor dem Tode. Es gab in den USA eine neue Therapie, von der die Ärzte annahmen, dass sie sie retten könnte. Die Behandlung war aber sehr teuer und würde von der Krankenkasse nicht übernommen werden.

Der Mann der kranken Frau, Heinz, bat alle seine Bekannten, ihm das Geld zu borgen, aber er konnte nur etwa die Hälfte des Geldes zusammenbringen. Er beantragte bei der Krankenkasse, ob sie nicht wenigstens den Restbetrag übernehmen würde. Die Kasse lehnte ab.

Nachdem Heinz alle legalen Mittel versucht hatte, verzweifelte er und überlegte, ob er das Geld nicht irgendwie auf illegalem Weg beschaffen sollte.

Gedanken sammeln

Was fällt dir zum Thema »Gewissen« ein?
Übernimm diese Skizze in dein Heft und
schreibe – ohne lange nachzudenken – auf,
an was du denkst, wenn du das Wort
»Gewissen« hörst!
Wer spricht heute noch davon?
In welchen Situationen begegnet es dir?

Gewissen

Eugène Delacroix (1798-1863), Der Connétable de Bourbon
von seinem Gewissen verfolgt

Dem Gewissen folgen

Lies in der Bibel das Zitat Apg 5,29-42 (43) im
Zusammenhang. Du findest in *Reli Real 9*
Lebensbeispiele mehrerer Menschen, die
versucht haben, dieser Forderung gerecht zu
werden (74) (100) (105), Lexikon (119f) (124f).
Vergleiche die unterschiedlichen Situationen,
in denen sie ihrem Gewissen folgten.

Gewissen darstellen

Erstellt ein Bild zum Thema »Das/ Mein
Gewissen«! So gut zeichnen, wie der Künstler
oben, brauchst du nicht. Versuche auf deine
Art »Gewissen« bildlich darzustellen. Du
kannst ungegenständlich mit Farben arbeiten
oder auch ein Symbol zum »Gewissen«
(z. B. einen Kompass, eine Waage) suchen!

Das Titelbild des Kapitels deuten

Betrachte das Titelbild des Kapitels (41), überlege, warum der Künstler Paul Klee die
einzelnen Körperteile so angeordnet hat!
Stelle den Zusammenhang zum Thema dieses
Kapitels her.

Einen Film zum Thema anschauen

Das Foto zeigt einen Moment aus dem Film »Schwarzfahrer«. Den Kurzfilm kann man in Medienstellen entleihen. Schaut ihn euch an und diskutiert den Zusammenhang mit den Themen »Gewissen und Verantwortung« und »Zivilcourage«.

Ein Gedicht verfassen

Als die Nazis die Kommunisten holten,
habe ich geschwiegen,
ich war ja kein Kommunist.
Als sie die Sozialdemokraten einsperrten,
habe ich geschwiegen,
ich war ja kein Sozialdemokrat.
Als sie die Gewerkschaftler holten,
habe ich geschwiegen,
ich war ja kein Gewerkschaftler.
Und als sie mich holten,
war keiner mehr da,
der protestieren konnte.

Martin Niemöller

Hinweise zur Situation, in der dieses Gedicht geschrieben wurde, findet ihr im Lexikon und auf 102. Sicher findet ihr heraus, was Niemöller mit dem Gedicht bewirken will!
Lies zu diesem Gedicht auch Röm 14,23 und bringe beide Texte in einen Zusammenhang.
Verfasse, evtl. mit deinem Banknachbarn, ein vergleichbares Gedicht, das in die heutige Situation passt. Du brauchst dazu nur die Beispiele aus dem vorliegenden Gedicht zu ersetzen. Überlege, ob du den Schluss übernehmen kannst oder verändern musst.

Ich entscheide mich so

Manchmal gerät man in Situationen, die eine Entscheidung von uns fordern. Überlege, wie du in folgenden Situationen handeln würdest. Begründe dann dein Verhalten.
Setzt innerhalb eurer Lerngruppe eine der Situationen in ein Rollenspiel um!

1. Situation: Jemand bietet dir einen fabrikneuen CD-Player für 25 Euro an!
2. Situation: Du erfährst zufällig in einem Gespräch, dass ein Klassenkamerad Drogen nimmt.
3. Situation: Du bist mit Freunden in der Disco. Du siehst, wie »euer Fahrer« Alkohol trinkt.
4. Situation: An einem kalten Winterabend beobachtest du, dass jemand sturzbetrunken auf einer Parkbank liegt.
5. Situation: Du bekommst eine Lehrstelle bei einem Betrieb angeboten, von dem du weißt, dass er Waffenteile herstellt.

Generalvertreter Ellebracht begeht Fahrerflucht

Ich habe nicht auf die neue Breite geachtet, dachte Ellebracht. Nur deswegen ist es so gekommen. Der hemdsärmelige Mann hob die rechte Hand vom Lenkrad ab und wischte sich hastig über die Brust. Als er die Hand zurücklegte, spürte er, dass sie noch schweißig war, so schweißig wie sein Gesicht und sein Körper. Schweißig vor Angst.

Nur wegen der Breite ist alles gekommen, dachte der Mann wieder. Er dachte es hastig. Er dachte es so, wie man stammelt. Die Breite des Wagens, diese neue, unbekannte Breite. Ich hätte das bedenken sollen. Jäh drückte der Fuß Ellebrachts auf die Bremse. Der Wagen kreischte und stand. Eine Handbreit vor dem Rotlicht, das vor dem Bahnübergang warnte.

Fehlt grade noch! dachte Ellebracht. Fehlt gerade noch, dass ich nun wegen einer so geringen Sache wie Überfahren eines Stoppschildes vor der Polizei bemerkt werde. Das wäre entsetzlich nach der Sache von vorhin ...

Mit hohem Heulen raste ein D-Zug vorbei. Ein paar zerrissene Lichtreflexe, ein Stuckern, ein verwehter Pfiff. Die Ampel klickte auf grün um. Ellebracht ließ seinen Wagen nach vorn schießen. Als er aufgeregt den Schalterhebel in den dritten Gang hineinstieß, hatte er die Kupplung zu nachlässig betätigt. Im Getriebe knirschte es hässlich.

Bei dem Geräusch bekam Ellebracht einen üblen Geschmack auf der Zunge. Hört sich an wie vorhin, dachte er. Hört sich an wie vorhin, als ich die Breite des Wagens nicht richtig eingeschätzt hatte. Dadurch ist es passiert. Aber das wäre jedem so gegangen. Bis gestern hatte ich den kleinen Wagen gefahren. Immer nur den kleinen Wagen, sechs Jahre lang. Und heute Morgen zum ersten Mal diesen breiten Straßenkreuzer.

Mit dem Kleinen wäre ich an dem Radfahrer glatt vorbei gekommen. Aber so ... Fahr langsamer, kommandierte Ellebracht sich selbst. Schließlich passiert ein neues Unglück in den nächsten Minuten. Jetzt, wo du bald bei Karin bist und den Kindern. Karin und die Kinder. Ellebrachts Schläfen pochten. Er versuchte sich zu beruhigen: Du musstest weg von der Unfallstelle, gerade wegen Karin und der Kinder. Denn was wird, wenn du vor Gericht und ins Gefängnis musst? Die vier Glas Bier, die du während der Konferenz getrunken hast, hätten bei der Blutprobe für deine Schuld gezeugt und dann? Der Aufstieg deines Geschäfts wäre abgeknickt worden. Nicht etwa darum, weil man etwas Ehrenrühriges in deinem Unfall gesehen hätte. Wie hatte doch der Geschäftsführer von Walterscheidt & Co. gesagt, als er die alte Frau auf dem Zebrastreifen verletzt hatte? Kavaliersdelikt? Nein, nicht vor der Schädigung meines Rufes fürchte ich mich. Aber die vier oder sechs Wochen, die ich vielleicht im Gefängnis sitzen muss, die verderben mir das Konzept! Während der Zeit schickt die Konkurrenz ganze Vertreterkolonnen in meinen Bezirk und würgt mich ab! Und was dann? Wird es dann mit diesem Wagen? Und mit dem neuen Haus? Und was sagt Ursula, die wir aufs Pensionat in die Schweiz schicken wollten? »Du hast richtig gehandelt!«, sagte Ellebracht jetzt laut und er verstärkte den Druck auf das Gaspedal. »Du hast so gehandelt, wie man es als Familienvater von dir erwartet.« Verdammte Rotlichter!, dachte Ellebracht weiter und brachte den Wagen zum Stehen. Ich will nach Hause. Ich kann erst ruhig durchatmen, wenn der Wagen in der Garage steht und ich bei der Familie bin. Und wann ist der Mann mit dem Fahrrad bei seiner Familie? Der Mann, der mit ausgestreckten Armen wie ein Kreuz am Straßenrand gelegen hat? Der Mann, der ein wenig den Kopf herumdrehte – du hast es im Rückspiegel deutlich gesehen, als du den bereits abgestoppten Wagen wieder anfahren ließest, weil dir die wahnsinnige Angst vor den Folgen des Unfalls im Nacken saß? Du, wann ist dieser Mann bei seiner Familie? Jetzt werd bloß nicht sentimental!, dachte Ellebracht. Jetzt werd bloß nicht dramatisch! Bist doch ein nüchterner Geschäftsmann! Ellebracht sah stur noch vorn. Er erinnerte sich, wie der Mann eben auf der Straße gelegen hatte. Er lag da und es sah aus wie ein Kreuz.

»Ich muss nach Hause!«, stöhnte Ellebracht und schwitzte noch mehr. »Wann kommt denn endlich Grün?«

Die feuchten Finger zupften am Hemdkragen, versuchten, den Knopf hinter der Krawatte zu lösen. Aber der Perlmuttknopf entglitt einige Male dem Zugriff! Grün! Der Schwitzende riss einfach den Hemdkragen auf und fuhr an.

Und wie der Mann da lag, dachte er. Ob man ihn jetzt schon gefunden hat? Ob er schon kalt und starr ist? Ellebracht stoppte: Diesmal war kein Rotlicht da. Nichts. Nur die Erinnerung.

»Ich kann so nicht nach Hause!«, flüsterte der Schwitzende. »Ich kann so nicht zu Karin und den Kindern zurück. Ich kann zu niemandem zurück!«

Ein anderer Wagen überholte Ellebracht. Eine grelle Hupe schmerzte.

Ich kann nicht eher zu irgendeinem zurück, bis ich bei dem Mann gewesen bin.

Ellebracht spürte, wie seine Hände trocken wurde und sich fest um das Lenkrad legten. Ohne Mühe wendete der Mann den schweren Wagen und jagte die Straße zurück.

Wieder die Signale, die Bahnübergänge, jetzt die Abbiegung, die Waldstraße. Ein paar Steine schep-perten gegen die Kotflügel. Ellebracht verlangsamte die Fahrt und seine Augen durchdrangen mit den Scheinwerfern das Dunkel. Da war der Haufen von verbogenem Blech und Stahl.

Und da lag das menschliche Kreuz.

Als Ellebracht schon wieder den Fuß auf der Erde hatte, sprang ihn wieder die Angst an. Aber dann schlug er die Tür hinter sich zu und lief. Jetzt kniete Ellebracht neben dem Verletzten und drehte ihn behutsam in das Scheinwerferlicht des Wagens.

Der blutende Mann schlug die Augen auf und griff zuerst wie abwehrend in das Gesicht Ellebrachts.

Dann sagte der Verletzte:

»Sie haben – angehalten. Danke!«

»Ich habe nicht – ich – ich bin zurück gekommen«, sagte Ellebracht.

Josef Reding

- Versuche das Verhalten von Ellebracht und seine inneren Stimmen nachzuvollziehen. Achte auf die unterschiedlichen inneren Stimmen. Suche dir eine Stelle im Text aus, an die du deine eigenen Gedanken »anhängen« kannst.
- Schau noch einmal in den Text und notiere die unterschiedlichen Werte, die für Ellebrachts Fahrerflucht und für seine Rückkehr ausschlaggebend waren.
- Gestalte ein Bild zur Geschichte, in dem u. a. folgende Symbole vorkommen können: Knopf des Hemdkragens, Kreuz, Ampel, Lenkrad, Schranke, Abbiegung, Haus, Scheinwerfer. Das Bild oben zeigt dir eine Möglichkeit.

Was ist das Gewissen?

Das Gewissen ist für mich wie ...

... eine Eisenbahnweiche, sie lenkt mich in die richtige Bahn
... eine Kamera, die mich ständig überwacht
... eine zweite Person, die mich berät
... ein Richter, der mich beurteilt
... ein Wegweiser
... ein großer Bruder
... ein Stoppschild.

Schüler einer 9. Klasse

Thomas von Aquin

Thomas von Aquin (1225-1274), bedeutendster Philosoph und Theologe des Mittelalters, Kirchenlehrer, sagt über die Gewissensentscheidung: »*Jede Entscheidung, die von der überzeugten Erkenntnis abweicht, gleichgültig, ob diese richtig oder irrig ist, ist immer sittlich böse.*«

John Henry Newman

Der englische Theologe und Kardinal J. H. Newman (1801-1890) vergleicht das Gewissen mit einer Uhr, die zwar immer wieder gestellt werden muss, die dem Menschen aber doch die Zeit angibt. Das Gewissen ist für ihn das Echo eines Rufes; hinter diesem Ruf steht nicht nur ein Gesetz, sondern eine Person, die den Menschen zur Antwort ruft. Darin besteht seine Verantwortung. Das Gewissen ist der Ort des Gesprächs mit Gott, der den Menschen in die letzte Verantwortung ruft.
»*Ich leiste niemand einen absoluten Gehorsam. Eine solche Instanz kennt die Kirche und folglich auch der Papst nicht ... Wenn ich bei einem Trinkspruch der Religion gedenken müsste, so würde ich mein Glas auf das Wohl des Papstes leeren; mit Verlaub – aber zuerst auf das Gewissen – und dann auf den Papst.*«

Aussagen des II. Vatikanischen Konzils* (1962-65)

»*Im Innern seines Gewissens entdeckt der Mensch ein Gesetz, das er sich nicht selbst gibt, sondern dem er gehorchen muss und dessen Stimme ihn immer zur Liebe und zum Tun des Guten und zur Unterlassung des Bösen anruft und, wo nötig, in den Ohren des Herzens tönt: Tu dies, meide jenes.*
Denn der Mensch hat ein Gesetz, das von Gott seinem Herzen eingeschrieben ist, dem zu gehorchen eben seine Würde ist und gemäß dem er gerichtet werden wird. Das Gewissen ist die verborgenste Mitte und das Heiligtum im Menschen, wo er allein ist mit Gott, dessen Stimme in diesem seinem Innersten zu hören ist.«

Wertvorstellungen und moralische Urteilsfähigkeit entwickeln sich

Könnt ihr euch vorstellen, was Kinder im Grundschulalter zu dem Beispiel »Eine Gewissensfrage« auf Themenseite ④ sagen würden? Sie werden anders als ihr und sicher auch anders als ältere Erwachsene argumentieren. Unser Gewissen, unsere Werte und unser Handeln verändern sich im Laufe unserer Lebensgeschichte, sie entwickeln sich, so wie wir uns körperlich entwickeln. Dabei kann man unterschiedliche Stufen beobachten: Kleine Kinder orientieren sich an Bestrafung und Gehorsam oder an der Einstellung »Wie du mir, so ich dir« (Stufe I). Die nächste Entwicklungsstufe ist dadurch geprägt, dass man sich an dem orientiert, was wichtige Personen für richtig halten, was die Mehrheit »für gut« befindet oder was in sozialen Ordnungen als »richtig« (»Recht und Ordnung«) angesehen wird (Stufe II). Eine höhere Stufe hat erreicht, wer sich an allgemein vereinbarten Übereinkünften orientiert, z. B. an Gesetzen und Grundrechten (Stufe III). Auf der höchsten Stufe schließlich orientieren sich Menschen an allgemeinen Maßstäben, die für sie absolute Gültigkeit haben (Stufe IV). Ein solcher Maßstab kann z. B. die »Goldene Regel« (Mt 7,12) ⑤⓪ sein oder die Aufforderung des deutschen Philosophen Immanuel Kants (1724-1804): »Handle nur nach derjenigen Maxime (= Grundsatz), von der du zugleich wollen kannst, dass sie ein allgemeines Gesetz werde.«

- Auf Themenseite ④ findest du das Beispiel von Heinz – eine Gewissensfrage. Heinz steckt in einer Zwangslage. Was er auch immer tut, er verstößt gegen geltende Regeln. Wie soll sich Heinz verhalten? Sucht nach Argumenten und diskutiert darüber.
- Du findest nachfolgend verschiedene Motive für moralisches Urteilen und Handeln. Worin unterscheiden sie sich? Wie kannst du eine Verbindung herstellen zu den zusammengetragenen Argumenten für das Handeln von Heinz? Versucht eine Einigung in der Klasse.
  - *Ich sollte die größtmögliche Achtung vor den Rechten und der Würde jedes einzelnen Menschen zeigen und ich sollte ein System unterstützen, das die Menschenrechte schützt.*
  - *Ich sollte an meinen eigenen Nutzen denken.*
  - *Ich möchte, dass die anderen gut von mir denken. Ich sollte meine Verpflichtungen gegenüber der Gesellschaft oder dem Wertesystem, dem ich mich zugehörig fühle, erfüllen.*
  - *Ich sollte das tun, was mir gesagt wird. Ich will Belohnungen erhalten und Strafe vermeiden.*
  - *Ich möchte dazu beitragen, dass das System nicht auseinander bricht, und ich möchte meine Selbstachtung erhalten als jemand, der seinen Verpflichtungen nachkommt.*
  - *Ich sollte ein netter Mensch sein und den Erwartungen derer entsprechen, die ich kenne und an denen mir liegt.*
- Im Sachtext oben findest du eine vierteilige Stufung der Werteentwicklung im Lebensalter. Welches Motiv passt zu welcher Stufe? Stelle die Stufen der Gewissensentwicklung in einer Skizze dar. Bringe auch die Aussage der Karikatur in Zusammenhang mit der Entwicklung der moralischen Urteilsfähigkeit.

Sich orientieren

Weisungen zum Leben

Er befreite sein Volk Israel aus der Knechtschaft in Ägypten. Dann führte er es zum Berg Sinai und machte ihm klar, wie groß die Freiheit ist, die man mit Gott hat. Er machte ihnen das klar in zehn Sätzen. Acht von diesen zehn Sätzen beginnen mit »Du wirst nicht ...«. Zwei beginnen mit »Du wirst ...«. Keiner beginnt mit »Es ist verboten ...«, sondern alle fangen an:

»Ich, Gott und du, Mensch, wir gehören zusammen. Und wenn wir zusammenbleiben, dann wird dein Leben folgendermaßen aussehen:

Du wirst keine anderen Götter haben.
Du wirst meinem Namen Ehre machen.
Du wirst dich nicht zu Tode hetzen.
Du wirst in deiner Familie ein menschliches Leben finden.
Ich, der allmächtige Gott, will dein Vater im Himmel sein.
Du kannst es dir leisten, dich in Liebe einzuordnen und so deine Freiheit zu gewinnen.

Ernst Lange nach Ex 20,1-17

Alles, was ihr also von anderen erwartet, das tut auch ihnen! Darin besteht das Gesetz und die Propheten.

Mt 7,12

Jetzt ist die Zeit

T: Alois Albrecht
M: Ludger Edelkötter
© Impulse Musikverlag, Drensteinfurt

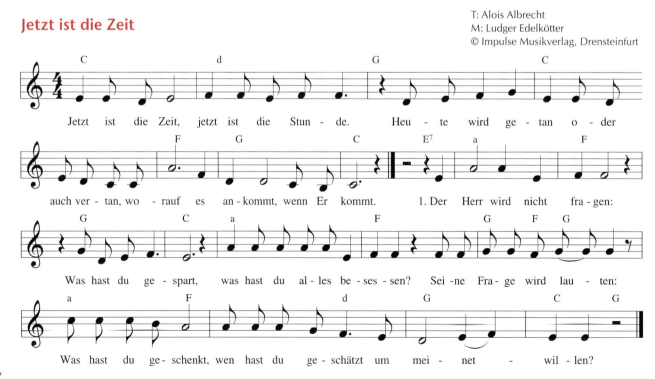

Jetzt ist die Zeit, jetzt ist die Stun-de. Heu-te wird ge-tan o-der auch ver-tan, wo-rauf es an-kommt, wenn Er kommt. 1. Der Herr wird nicht fra-gen: Was hast du ge-spart, was hast du al-les be-ses-sen? Sei-ne Fra-ge wird lau-ten: Was hast du ge-schenkt, wen hast du ge-schätzt um mei-net - wil-len?

Aus der Allgemeinen Erklärung der Menschenrechte vom 10. Dezember 1948

Artikel 1: Alle Menschen sind frei und gleich an Würde und Rechten geboren. Sie sind mit Vernunft und Gewissen begabt und sollen einander im Geiste der Brüderlichkeit begegnen.

Artikel 2: Jeder Mensch hat Anspruch auf die in dieser Erklärung verkündeten Rechte und Freiheiten ohne irgendeine Unterscheidung, wie etwa nach Rasse, Farbe, Geschlecht, Sprache, Religion, politischer oder sonstiger Überzeugung, nationaler oder sozialer Herkunft, nach Eigentum, Geburt oder sonstigen Umständen ...

Artikel 3: Jeder Mensch hat das Recht auf Leben, Freiheit und Sicherheit der Person.

Artikel 5: Niemand darf der Folter oder grausamer, unmenschlicher oder erniedrigender Behandlung oder Strafe unterworfen werden.

Artikel 14: (1) Jeder Mensch hat das Recht, in anderen Ländern vor Verfolgungen Asyl zu suchen und zu genießen.

Artikel 23: (1) Jeder Mensch hat das Recht auf Arbeit, auf freie Berufswahl ..., auf Schutz gegen Arbeitslosigkeit.

Artikel 26: (1) Jeder Mensch hat das Recht auf Bildung ...

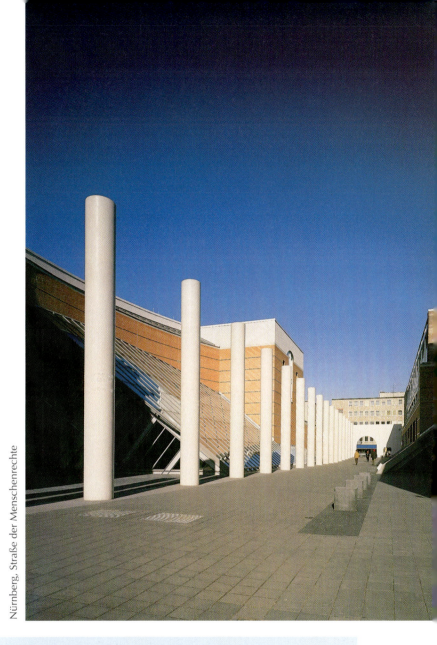

Nürnberg, Straße der Menschenrechte

- Den vollständigen Text der 30 Artikel der Allgemeinen Erklärung der Menschenrechte kannst du im Internet unter www.igfm.de nachlesen.
- Viele dieser Menschenrechte sind noch nicht überall voll verwirklicht. Menschenrechtsgruppen* arbeiten daran und prangern immer wieder Menschenrechtsverletzungen an. Informiere dich über ihre Arbeit und überlege, ob du sie in irgendeiner Weise unterstützen kannst.
- Die Maßstäbe auf dieser Seite sind sehr allgemein formuliert, da sie grundsätzliche Orientierung für viele verschiedene Situationen bieten sollen. Finde konkrete Beispiele für ihre Umsetzung.
- Immer wieder haben Menschen wie D. Bonhoeffer, F. Jägerstetter (105) oder Johann Maier* nach diesen grundsätzlichen Orientierungen gehandelt und sind der Entscheidung ihres Gewissens gefolgt. Informiere dich über ihr Leben und überlege dir, von welchen Werten sie sich leiten ließen.
- Vergleiche die Fassung der Zehn Gebote (50) mit dem biblischen Originaltext der Zehn Gebote.

Wieder diese Angst

Petrus keucht den Hang zum Ölberg hinauf. Sein Herz pocht. Sein Gewand ist feucht vom Schwitzen. Erschöpft lehnt er sich an den Stamm eines Olivenbaums. Voller Angst starrt er in die Dunkelheit. Allmählich beruhigt er sich. Er setzt sich auf einen Baumstrunk. Kein Soldat verfolgt ihn. Von den andern Jüngern sieht und hört er nichts. Vom Kidrontal leuchten Fackeln herauf. Sie bewegen sich auf die Stadt zu. »Jetzt haben sie Jesus verhaftet«, denkt Petrus. »Vor kaum einer Stunde habe ich zu ihm gesagt: Ich lasse dich nicht im Stich. Und nun bin ich davongerannt. Ich Feigling.« Petrus laufen die Tränen über die Wangen. Er weint laut. »Alles ist verloren«, denkt er. »Alles ist umsonst gewesen.« Petrus trocknet sein Gesicht mit dem Saum des Kleides. Er überlegt, ob er nach Betanien zu Lazarus oder Simon gehen soll. Aber dann steht er auf und schlägt den Weg ein, der ins Kidrontal führt.
Die Stadttore von Jerusalem sind wegen des Festes noch nicht geschlossen. Petrus eilt vorsichtig durch die Gassen. Aus den Häusern tönt Gesang. Viele feiern noch Passah. In den schmalen Gassen leuchtet manchmal der Schein einer Laterne oder Fackel auf. Jetzt sieht Petrus vor sich die Schar Soldaten, die Jesus gefangen haben. Ihre Gestalten werfen Schatten an die Hausmauern. Zwischen ihnen erspäht er Jesus. Sie haben ihm die Hände gefesselt und zerren am Strick. Vorsichtig folgt Petrus der Gruppe. Wenn ein Soldat zurückschaut, versteckt er sich im Dunkel eines Hauseingangs. Jetzt biegen die Soldaten mit Jesus in einen Torbogen ein. Sie gelangen in einen Innenhof. Der Hof und die Säulenhallen, die ihn auf drei Seiten umgeben, sind mit Fackeln beleuchtet. Gegenüber dem Tor liegt der Palast des Hohen Priesters. Die Soldaten führen Jesus in das Gewölbe im Erdgeschoss. Es ist gegen den Hof hin offen und dient dem Hohen Priester als Lagerhaus und Sitzungssaal. Nur wenige Ratsherren sind anwesend.
Petrus setzt sich hinter eine Säule. Von hier aus kann er sehen und hören, was im Saal geschieht und gesprochen wird. Niemand beachtet ihn. Knechte und Mägde durchqueren den Hof, stellen Essen und Trinken für den Rat bereit und schütten Holzkohlen in die im Saal und im Hof aufgestellten Becken. Einige der Soldaten spielen auf dem Boden mit

Würfeln. Andere dösen vor sich hin. Die Ratsherren sitzen im Kreis um den Thron des Hohen Priesters. Jesus steht in der Mitte.
Petrus sieht, wie einer der Soldaten Jesus ins Gesicht spuckt. Ein anderer gibt ihm eine Ohrfeige und einer schlägt ihn auf den Rücken und höhnt: »Du bist doch ein Prophet! Du weißt doch alles! Sag also: Wer hat dich geschlagen!«
Petrus will aufstehen und Jesus helfen. Aber wieder steigt die Angst in ihm hoch und er ist wie gelähmt. Eine der Dienerinnen bleibt vor ihm stehen und mustert ihn. Sie ruft: »Du bist doch auch einer von denen, die mit diesem Jesus umhergezogen sind. Ich hab dich gesehen, als ihr in Jerusalem eingezogen seid!« Die Soldaten unterbrechen ihr Würfelspiel und schauen auf. Petrus' Herz schlägt wie wild. Sein Mund wird trocken. »Was schwafelst du da?«, sagt er. »Nie in meinem Leben bin ich mit dem da drinnen zusammen gewesen.«
Petrus steht auf. Er schiebt die Gaffer, die um ihn herumstehen, auseinander und geht durch den Hof auf das Tor zu. Da springt ihm ein anderes Mädchen, gefolgt von einer Schar grölender Diener und Dienerinnen, nach. Beim Tor erreichen sie Petrus und stellen sich ihm in den Weg. »Natürlich bist du mit diesem Jesus nach Jerusalem gekommen«, sagt das Mädchen. »Auch ich hab dich mit ihm gesehen. Im Tempelvorhof. Als er mit dem Strick um sich geschlagen hat.« »Das kann schon sein«, antwortet Petrus ängstlich. »Aber das heißt doch nicht, dass ich mit ihm gegangen bin. Ich schwöre, dass ich diesen Mann überhaupt nicht kenne.«
»Natürlich gehörst du zu ihm!«, meint ein Soldat. »Man hört es ja an deiner Sprache, dass du aus Galiläa kommst.«
Verzweifelt ruft Petrus: »Tausende von Galiläern befinden sich am Fest in Jerusalem. Ich kenne diesen Mann nicht. Und wenn ich lüge, dann soll Gott mich strafen.« Irgendwo kräht ein Hahn.
Petrus zuckt zusammen. »Lasst den Angsthasen laufen«, sagt einer der Soldaten.
Petrus schleicht durch das dunkle Tor. Er irrt durch die Gassen. Vor der Stadtmauer setzt er sich auf einen Stein und weint verzweifelt. Langsam wird im Osten der Himmel hell.
Werner Laubi

Leonhard Baskin, Francisco Goya

- Mit der Episode (52) ist die Geschichte des Petrus nicht zu Ende. Lies weiter in der Apostelgeschichte, z. B. Apg 2-5,33, 12,1-19a.
- In der Bibel gibt es noch andere Geschichten, in denen sich Menschen ihrem Gewissen stellen. Lies z. B. Gen 4,1-16; Gen 27-33; 2 Sam 11-12; Joh 8,1-11.

Hinschauen – sich einmischen

Wozu ein Feindbild gut ist

- Aufwertung der eigenen Gruppe durch Abwertung einer anderen
- Auswahl einer Minderheit, die sich nicht wehren kann
- Abladen eigener Erlebnisse und Gefühle des Versagens und der Frustration auf einen »Sündenbock«
- Sich ein Objekt für den Hass oder niedere und gemeine Instinkte suchen
- Unfähigkeit, der ganzen eigenen Geschichte ins Auge zu sehen

Der Kampf gegen die Dummheit hat gerade erst begonnen.

Unsere wirksamste Waffe gegen die Dummheit ist der Verstand. Gut, wenn er scharf bleibt.

Schritte gegen Rechts!

Lehrkräfte haben in einer Klasse in Schulmappen Texte mit rechtsextremistischen Gedanken gefunden. Bei einer Konferenz werden unter anderem folgende Auffassungen vertreten:

1. »Wir sollten das mal nicht so ernst nehmen, sonst fühlen die sich noch bestätigt und provozieren noch mehr.«
2. »Es wäre gut, wenn die Geschichts- und Politiklehrer gründlich die Hitlerdiktatur und die Vernichtung der Juden behandeln würden. Dabei sollte auch der Film ›Schindlers Liste‹ einbezogen werden.«
3. »Wenn einige Schüler ›national befreite Zonen‹ rechtfertigen und wieder ihre Vorurteile gegen Ausländer vortragen, müssen wir in der Diskussion darauf deutlich reagieren.«
4. »Es sollte klar festgelegt werden, dass das Tragen von Springerstiefeln und verbotenen Symbolen in der Schule nicht gestattet ist.«
5. »Mit der Klasse sollten wir einmal bewusst eine Begegnung mit einer anderen Schulklasse mit höherem Ausländeranteil herbeiführen und nach Möglichkeit sogar ein gemeinsames Fest feiern. Wir brauchen mehr interkulturelles Lernen. Wir müssen mit der Lebensweise von Ausländern vertraut sein und diese mit der unsrigen.«
6. »Wir haben uns in der Schule in erster Linie um Fachwissen zu kümmern. Politische Einstellungen werden zu Hause, in der Clique, in der Gesellschaft vermittelt.«
7. »Ich glaube, wenn wir gründlich den Besuch eines Konzentrationslagers vorbereiten und ihn dann auch durchführen, kommen einige zum Nachdenken.«
8. »Wir müssen die Stadtverwaltung, die Polizei, die Eltern, die Kirchen und die Vereine an einen Tisch holen. Gemeinsam haben wir gute Chancen. Alleine schaffen wir das nie.«

- Besprecht die Vorschläge. Sucht drei Vorschläge heraus, die ihr für besonders wichtig oder falsch haltet. Macht eigene Vorschläge.

Schau nicht weg!

»Wenn sich zwei Jüngere streiten, dann versuche ich zu schlichten. Bei Älteren, vor allem bei Jungs, bin ich hingegen vorsichtig und warte erst mal ab.«

Marion, 14 Jahre

»Ganz allein würde ich nicht eingreifen, aber auf jeden Fall andere Leute mobilisieren oder es der Polizei melden. Ich finde es erschreckend, dass so wenig Menschen Zivilcourage zeigen. Egal, ob nun ein Türke oder ein Deutscher das Opfer ist.«

Monika, 16 Jahre

»Ob ich eingreife oder nicht, hängt ganz von Alter und Größe der Täter ab. Wenn sich in der Schule zwei Kleinere prügeln, gehe ich auf jeden Fall dazwischen. Und wenn wir zu mehreren unterwegs sind, dann ist das überhaupt keine Frage.«

Tobi, 16 Jahre

»Typische Situation: Jemand wird mitten auf der Straße angemacht. Passanten ignorieren den Zwischenfall, gehen weiter und lassen das Opfer im schlimmsten Fall verletzt liegen. Ich würde den Täter anbrüllen – das schreckt ab, denn die meisten rechnen nicht damit.«

Danny, 17 Jahre

»Ich möchte kein Risiko eingehen und würde nichts tun. Am Ende werde ich noch selbst angegriffen. Was habe ich dann von meiner Hilfsbereitschaft? Ein schlechtes Gewissen hätte ich garantiert nicht.«

Linn, 18 Jahre

»Alleine würde ich es wahrscheinlich nicht wagen. In der Gruppe fühlt man sich einfach sicherer.«

Barbara, 17 Jahre

Steh auf

Wenn dir jemand sagt, du bist zu klein
Und du hörst nur immer, lass das sein
Wenn dir jemand sagt, du bist nicht schön
Kann die Lust aufs Leben schon vergeh'n

Wenn dir jemand sagt, viel zu riskant
Ich hab' deinen Vater gut gekannt
Wenn dir jemand sagt, du trinkst zu viel
Deine letzte Mark geht drauf beim Spiel

Steh auf
Steh auf
Steh endlich auf
Steh auf

Mit 'nem Koffer kommt der Drogenmann
Schaut sich lächelnd deine Wunden an
Macht dich glauben, dass er Jesus ist
Bis er deine Eingeweide frisst

Steh auf
Steh auf
Steh endlich auf
Steh auf

Ich will dich
Ich brauch dich
Lass mich nicht allein

Steh auf
Steh auf
Steh endlich auf
Steh auf

Wenn dir jemand schwört, dass er dich liebt
Es keinen and'ren Menschen für ihn gibt
Wirst du dich entscheiden für das Licht

Marius Müller-Westernhagen
© More Music Musikverlag, Hamburg

- Macht in der Schule eine Umfrage, wie eure Mitschüler auf Gewalt reagieren.
- Passen die Vorschläge der Jugendlichen mit den Ideen der Lehrerkonferenz zusammen?
- Du findest auf dieser Doppelseite verschiedene Handlungsmöglichkeiten. Diskutiert, ob sie geeignet sind, Feindbilder abzubauen. Gibt es noch andere?

Inneres von außen betrachten

Selbstgespräch eines »Maskierten«

Seit wann ich eine Maske trage?
Schon lange.
Ich habe inzwischen gemerkt, dass mir das Maske-Tragen bereits Gewohnheit ist.
Überhaupt kommt man ja nicht umhin, sich eine Maske anzulegen!
Da ist einem z. B. zum Heulen zu Mute –
geht nicht, weil man doch nicht weint!
Ein andermal möchte ich zerspringen vor Lachen –
aber es schickt sich nicht,
wäre kindisch und unpassend.

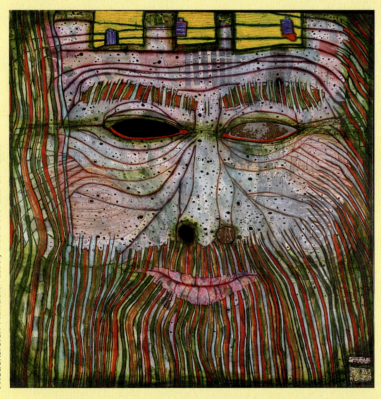

Es ist einfach »cooler«,
eine Maske zu tragen,
hinter der man sich verstecken kann.
Da merken die anderen nicht so schnell,
dass ich mich unsicher fühle.
Und wenn ich mir immer anmerken ließe,
was ich wirklich denke
und wie ich mich gerade fühle –
ich wäre ja ausgeliefert.

Wie gesagt,
das mit dem eigenen Gesicht ist viel zu riskant!

Nur manchmal frage ich mich,
wie echt ist eigentlich das Gesicht vor mir,
in das ich gerade schaue!?

Friedensreich Hundertwasser, Das Böse und das Gute

• Wir Menschen wirken nach außen anders, als wir uns in unserm Inneren fühlen. Diesen Unterschied kann man mit Hilfe einer Gipsmaske gut darstellen. Fertige eine weiße Gipsmaske von deinem Gesicht an. Dann schreibe in die Innenseite der Maske deine persönlichen Erfahrungen mit schwierigen Entscheidungen oder Gewissenskonflikten. Auf die Außenseite kannst du schreiben, was von deinem Inneren wohl nach außen sichtbar wird und was andere von deinen inneren Prozessen erfahren.
Falls du deine Erfahrungen nicht in Worten ausdrücken möchtest, ist es auch möglich Innen und Außen durch die Wahl von Farben und Formen zu gestalten!

Tod –
Ende und Anfang

Den Tod im Blick

Jeder hat seine eigene, geheime, persönliche Welt.
Es gibt in dieser Welt den besten Augenblick,
es gibt in dieser Welt die schrecklichste Stunde;
aber dies alles ist uns verborgen.
Und wenn ein Mensch stirbt,
dann stirbt mit ihm sein erster Schnee
und sein erster Kuss und sein erster Kampf ...
all dies nimmt er mit sich.

Was wissen wir über die Freunde, die Brüder,
was wissen wir schon von unserer Liebsten?
Und über unseren Vater
wissen wir, die wir alles wissen, nichts.

Die Menschen gehen fort ...
Da gibt es keine Rückkehr.
Ihre geheimen Welten können nicht
wiederentstehen.
Und jedesmal möchte ich von neuem
diese Unwiederbringlichkeit hinausschreien.

Jewgenij Jewtuschenko

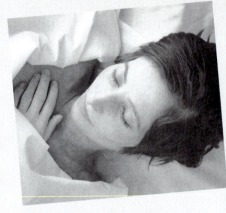

Da war keine Angst mehr

Er hatte
Schmerzen,
der Mann,
große Schmerzen,
unerträgliche Schmerzen. Er lag auf seinem Bett und konnte sich kaum bewegen. Die Krankheit hatte ihn gepackt. Es war Krebs und er hatte Angst, Angst vor dem Sterben. Er kämpfte und setzte sich zur Wehr und wollte es nicht wahrhaben. Und er wusste doch genau: Es ist alles zu Ende. Es gibt keine Rettung mehr. Immer näher und näher kam das, was ihn so entsetzte. Es war wie ein großes und schwarzes Loch, in das er hineingepresst werden sollte. Und er begann zu schreien. Er wollte nicht in das Loch. Und er schrie und schrie und hörte nicht auf – drei Tage lang. Seine Frau und sein Junge mussten alles mit anhören. Es war schrecklich. Und nach drei Tagen war es plötzlich wie ein starker Stoß. Und er stürzte ab in das Loch. Und da wurde er ganz still. Was war geschehen?
In seiner Verzweiflung hatte er mit den Händen um sich geschlagen. Und da war seine Hand auf den Kopf seines Jungen gefallen. Der hatte sich heimlich in das Sterbezimmer geschlichen. Und der Junge ergriff die Hand des Vaters und presste sie an sich. Und in diesem Augenblick sah der Sterbende seinen Jungen an – und er tat ihm Leid. Und er sah seine Frau an, die hineingetreten war: Tränen überströmten ihr Gesicht. Sie tat ihm Leid. Und er wollte es ihnen sagen: Ihr tut mir Leid. Aber er konnte nicht mehr sprechen. Und er wusste: Wenn ich gestorben bin, wird alles leichter für sie. Und er dachte: Ich will es tun. Ich will sterben.
Und da war er still geworden auf einmal und ganz ruhig. Wie gut und einfach, dachte er. Und der Schmerz – er hörte ja auf. Und die Angst – wo war sie? Er konnte sie nicht mehr finden. Und der Tod – wo war er? Da war keine Angst mehr. Zwei Stunden später war er gestorben.

Leo Tolstoi

»Wenn ich jetzt schon sterben müsste, hätte ich große Angst, weil ich derzeit viel verpassen würde. Wenn ich aber im angemessenen Alter gehen muss, dann gehört das einfach zum Leben dazu. Den Tod von anderen mitzukriegen finde ich beängstigend, weil ich dann so eine Haltlosigkeit verspüre.«

Lissi, 22 Jahre, Erzieherin, Pfarr- und Gruppenleiterin und First Lady der KJG Marktheidenfeld

»Mir fällt dazu spontan das Motto ein: Lebe jeden Tag so, als wenn es dein letzter wäre. Und so nützt es mir nichts, jeden Abend zu heulen und zu jammern, dass ich morgen sterben könnte. Deshalb habe ich auch keine Angst vorm Sterben.«

Norbert, 19 Jahre, Schüler, Pfarr- und Gruppenleiter, Second Hand of KJG Marktheidenfeld

Was fragst du?

Ob wohl wir später einfach vergehn
tief in der Erde, die nichts von uns
weiß, zu Asche geworden und Staub zu Staub,
vergessen fortan, keiner Erinnerung wert?

Wozu auch? Sind wir nicht Ameisen gleich,
die an entlegener Stelle des Weltalls
emsig, als sei's von Bedeutung, sich regen,
ehe ein Fuß sie achtlos zertritt?

Was fragst du, bist du denn mehr als ein Sandkorn,
du Mensch in dieser endlosen Wüste,
in der ein Wind deine Spuren verweht,
als seist du niemals gewesen?

Werden wir fortbestehn, fragst du noch
immer, und sei's nur als Sandkorn, als
winziger Tropfen in einem riesigen Meer,
das uns aufnimmt, ohne unser zu achten?

Oder – könnte das wahr sein? – dass wir
von jeher geliebt sind, mit Namen gerufen
und werden dann heimfinden endlich wie
Kinder, heim in die Arme des Vaters?

Lothar Zenetti

Wieder hat einer den Tod gefunden, als er bei Tempo 180 das Leben suchte.

Siegfried Macht

Sprachspiele spielen

In vielen Sprichwörtern und Redensarten geht es ums Sterben oder den Tod. (z. B. Das letzte Hemd hat keine Taschen). Findet in Gruppen möglichst viele dieser Sprichwörter und Redensarten und überlegt, welche Möglichkeiten es gibt, die Worte »Tod« und »sterben« zu umschreiben. Entwerft ein Wortfeld zu diesen Wörtern und bildet Wortreihen zu den Wörtern, ähnlich wie die Beispiele es zeigen:

 T rauer
O hnmacht
D unkel

 S chluss
T ränen
E rleichterung
R uhe
B egraben
E rinnern
N achdenken

So viele Tode ...

Der Tod taucht auf Themenseite 58f. in unterschiedlichen Formen und Arten auf. Unterscheide sie und suche weitere Beispiele. Sicher findet ihr auch Lieder zu diesem Thema. Spielt sie euch gegenseitig vor.

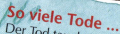

Wähle eine der Darstellungen oder der Texte aus und schreibe einen Brief an den Fotografen oder Autor, in dem du zu seinem Foto oder Text Stellung nimmst.

Ein Gedicht schreiben

Schreibe ein Gedicht (z. B. ein Elfchen = Gedicht mit elf Wörtern in der Zeilenanordnung wie in den beiden Beispielen) zum Thema Tod – Hoffnung auf ein Leben nach dem Tod.

Gehen
weit weg
über die Grenze
hinein ins leuchtende Licht.
Wirklich?

Sterben
was bleibt?
ein dunkles Grab -
soll das alles sein?
Leben?

Kuriositäten sammeln

Sammelt weitere makabere oder kuriose Dinge wie diesen Bierkrug in Form eines Totenschädels.
Diskutiert darüber, welches Verhältnis zum Tod sich darin widerspiegelt!

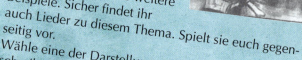

Todesanzeigen untersuchen

Sammelt Todesanzeigen aus verschiedenen Tageszeitungen und untersucht sie genauer:
Welche Formulierungen werden verwendet, um die Worte »Tod« oder »Sterben« zu umschreiben?
Welche Absicht könnte dahinter stehen?
Wodurch wird etwas vom Verhältnis der oder des Verstorbenen zu den Verwandten und Freunden im Text der Anzeige erkennbar?
Wie deuten die Verfasser der Anzeige den Tod der oder des Verstorbenen? Beschreibt, wie ihre Einstellungen zum Tod, ihre Ängste und Hoffnungen oder ihr Glaube sichtbar werden.
Wählt je eine Anzeige aus, die euch besonders bzw. überhaupt nicht anspricht, und begründet eure Entscheidung.

Deine eigenen Erfahrungen erkunden

Auf welche Weise bist du selbst schon mit dem Tod konfrontiert worden?
Nimm dir Zeit, allein darüber nachzudenken und deine Erfahrungen zu notieren.
Lest anschließend in der Klasse eure anonym aufgeschriebenen Erfahrungen vor.

Uta Helene Götz, Memento mori, 1990

Einen Friedhof besuchen

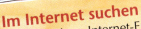

Besucht mit der Klasse einen Friedhof und notiert eure Empfindungen und Eindrücke, damit ihr anschließend darüber sprechen könnt.
Achte darauf, welche Atmosphäre dir der Friedhof vermittelt.
Betrachte die Gräber und ihre Grabsteine genauer. Welche sprechen dich an?
Welche stoßen dich eher ab? Warum ist das so? Fotografiert einige dieser Grabsteine.
Lässt sich anhand der Namen und Jahreszahlen auf den Grabsteinen etwas über die Lebensgeschichte der dort Begrabenen herauslesen? Was möchtest du gerne darüber wissen?
Zeigen die Gräber etwas vom Verhältnis der Lebenden zu ihren Verstorbenen?
Sammelt, was die Gräber über den Glauben der Verstorbenen und ihrer Angehörigen oder ihr Verhältnis zum Tod aussagen.

Memento mori (lat.) heißt: »Gedenke, dass du sterben musst.« Immer wieder wurden in der Vergangenheit Memento-mori-Bilder gemalt. Meistens sind Menschen mit einem Totenkopf oder Skelett dargestellt. Sie sollen an die Vergänglichkeit des Lebens erinnern:
Der Mensch, der sich bewusst ist, dass er nicht ewig lebt, sondern sterben muss, lernt, was im Leben wirklich zählt.
Überlege, was in deinem Leben wichtig ist. Wenn ein Jugendlicher wüsste, dass er noch ein Jahr zu leben hätte – was könnte für ihn in der verbleibenden Zeit wertvoll sein und Bedeutung haben?
Sucht in Lexika oder im Internet Memento-mori-Bilder aus der Vergangenheit und vergleicht sie mit dem heutigen Memento-mori-Bild von Uta Helene Götz.
Leben, Tod und Hoffnung lassen sich auf unterschiedliche Weise darstellen.
Versuche, ein eigenes Memento-mori-Bild zu malen.

Im Internet suchen

Besuche einen Internet-Friedhof, wie z. B. www.memopolis.uni-regensburg.de.
Was bleibt von einem Menschen in den Erinnerungen der anderen?
Suche im Internet nach weiteren Websites zum Thema Tod.

Von Beileidsbekundungen keinen Abstand nehmen!

Anderthalb Jahre nach Martins Tod – er starb im Alter von 19 Jahren bei einem Verkehrsunfall – wollen wir versuchen, unser Erleben des Geschehens, unser Erleben mit seinem Tod zu beschreiben.

Die Nacht zum 10. Mai 1986

In der Nacht zum 10. Mai 1986, um 2.40 Uhr, brachten uns zwei Polizeibeamte die Schreckensnachricht. Die ersten Reaktionen von uns sind nicht zu beschreiben. Wir standen zusammen, einer hielt den anderen fest. Es war schlimm, grausam. Ich weiß nicht mehr, wie wir die Minuten überlebten, bis der erste Satz fiel: »Oh, lieber Gott, sei gut zu ihm, nimm ihn ganz zu dir, sei gut zu ihm.« Irgendwann gingen wir ins Wohnzimmer, zündeten ein Licht an, weinten, klagten, beteten und sprachen immer wieder Martins Namen aus. Ich erinnere mich an diese Stunden sehr genau und nicht nur mit Schrecken; selten habe ich so stark Nähe und Zusammenhalt in unserer Familie gespürt.

Die Tage bis zur Beerdigung

Um 7.00 Uhr am Morgen – es war ein Samstag – riefen wir unsere besten Freunde an ...
Draußen war Mai – ringsherum blühte alles, war voll intensivsten Lebens – und Martin war tot! Diese Tatsache – Martin war tot – mussten wir nun per Telefon weitergeben: zuerst an unseren Sohn Matthias in Freiburg, an die Großeltern, Verwandte und Freunde.
Immer nicht fassen könnendes Entsetzen, es war so schwer für uns, wir brauchten fast den ganzen Tag dafür. Von einem Augenblick auf den nächsten war unser Haus ein Trauerhaus geworden, doch bis zu Martins Beerdigung waren wir nie mehr allein in diesem Haus. Immer wieder kamen Freunde, Kollegen, Bekannte und Mitglieder unserer Pfarrgemeinde – auch die Priester der Gemeinde. Alle ließen uns ihr Mitgefühl spüren, keiner sagte ein unpassendes Wort. Sie weinten und schwiegen mit uns. Niemand – auch die Theologen nicht – machte den Ansatz einer Erklärung oder verbalen Tröstung. Sprachlosigkeit kann so wohltuend sein! Uns tat die Nähe der Menschen gut, ihre spontane praktische Hilfe, ihr Mut, uns in unserem Leid und unserer Trauer auszuhalten bzw. ihre Kraft, nicht davonzulaufen. Wir sagten uns immer wieder: Martin ist bei Gott – ihm geht es gut – er ist durch das Tor der Verwandlung hindurch. Aber nie mehr würde er durch unsere Tür kommen – diese Endgültigkeit –, so plötzlich und unabänderlich.
Viele Dinge müssen bis zur Beerdigung getan werden. Die Beerdigungsinstitute sind bereit, alles zu regeln. Für uns war ganz wichtig, möglichst viel selbst zu tun: Texte für Anzeige, Totenbildchen, Gottesdienst, Briefe an auswärtige Freunde, Schmucken der Friedhofskapelle ... Dies war schmerzlich, und immer wieder versagten die Kräfte. Niemals zuvor erlebten wir uns und unsere Kinder in solch absoluter Verlässlichkeit – gleichzeitig trostbedürftig und trostgebend. So war dieses Tun gut für uns und, wir meinen, auch für Martin. Wir wollten keine Ablenkung von Martins Tod, sondern ganze Konzentration auf diese Wirklichkeit. Wir wollten uns auf Martin konzentrieren, auch deshalb gingen wir bis zur Beerdigung mehrmals an Martins Sarg in die Leichenhalle – in vielen kleinen Schritten nahmen wir Abschied von ihm, ließen wir ihn gehen.

Die Beerdigung

In unserer Gemeinde ist es Brauch, zuerst die Beerdigung zu halten und danach die Eucharistie zu feiern. Jetzt haben wir erfahren, wie wichtig diese Reihenfolge ist. Die Trauergemeinde versammelt sich zunächst in der Friedhofskapelle und zieht von dort mit dem Sarg zum Grab. Erst nach der Beerdigung geht die Gemeinde in die Kirche.
Irgendwann haben wir einmal gelernt, dass Tote zu begraben ein Werk der leiblichen Barmherzigkeit ist. Wirklich begriffen haben wir es jetzt. Dass der Leib, wie es der Apostel Paulus ausdrückt, Tempel des Heiligen Geistes ist, wurde uns in einer neuen Weise klar: Dieser Leib war Martins irdische Möglichkeit, Liebe zu empfangen und Liebe zu schenken. Und diese Würde kann ihm auch der Tod nicht nehmen.
Es ist ein wichtiger Schritt auf dem Weg der Trauerarbeit, ganz bewusst den Leib der Erde anzuvertrauen und dem Toten mit den (eigenen) Händen die Erde zu geben.
»Von Beileidsbekundungen am Grabe bitten wir Abstand zu nehmen«, ist in den letzten Jahren immer häufiger in Todesanzeigen zu lesen. Es fiel uns nie leicht, solche Hinweise richtig einzuordnen. Heute können wir für uns sagen, dass wir dies nie schreiben würden. Wir haben auch den Mut, andre von solchen Schritten abzuhalten, denn wir haben erfahren, dass manche sich nicht trauten, auf uns zuzugehen, weil sie glaubten, uns schonen zu müssen, aber wir wollten und konnten uns gar nicht schonen ...
Es geht nicht darum, richtige oder große Worte zu sagen: den meisten Menschen fällt – Gott sei Dank! – sowieso nichts ein und die Angehörigen haben in diesen Augenblicken auch kein Ohr dafür. Aber es tut gut zu spüren, dass man nicht allein gelassen ist ...

Die ersten Wochen ohne Martin

Die Zeit nach der Beerdigung war für uns sehr schwer. Die Kinder gingen wieder ihrem Studium nach, die Arbeit ging weiter, und doch war nichts mehr wie vorher. Wohin wir schauten und gingen, da waren die Spuren Martins. Dass uns auch in diesen Wochen die Freunde nicht allein ließen,

uns besuchten und uns einluden, war für uns sehr wichtig. Und nie wurde Martin und sein Sterben ausgeklammert ...
Immer wieder – bis heute! – trafen wir sie an Martins Grab oder fanden dort Zeichen ihres Besuches.
Wir luden seine engsten Freunde zu uns ein und schenkten ihnen Dinge, die Martin gehörten, z. B. Kleider, Spiele, Bilder usw. zum Andenken an ihn. In den Gesprächen mit seinen Freunden erfuhren wir vieles, was uns bis dahin verschlossen war. Wir spürten, welche Bedeutung Martin in ihrem Leben hatte und wie sehr er auch ihnen fehlte.

Die neue Wirklichkeit

Martin hat in unserer Familie seinen festen Platz, anders als vorher, aber nicht weniger intensiv. Sein Geburtstag, sein Namenstag sind – wie sein Todestag – wichtige Erinnerungstage, die wir auch mit einem Gottesdienst feiern. In jeder Eucharistiefeier – bei den Fürbitten und dem Gedächtnis für die Verstorbenen – denken wir an ihn und an eine gemeinsame Zukunft bei Gott ...
Schrecken, Schmerz und unsagbare Trauer haben wir durchlebt und durchlitten. Unser Glaube, d. h. unsere Hoffnung auf die Einlösung der Zusagen Gottes, haben uns nichts von den Schmerzen genommen, haben unsere Trauer nicht verringert. Aber dieser Glaube hat uns geholfen, nicht ohne Hoffnung weiterzuleben. Wir haben viel verloren, aber wir haben auch eine Erkenntnis des Herzens gewonnen. Der Tod ist nicht das Stärkste – über die Liebe hat er keine Macht.

Christl und Johannes Grewe

Die Feier der Beerdigung

Für Christen ist der Tod nicht die letzte und gültige Wirklichkeit des Lebens; er ist vielmehr überwunden im Glauben an die Auferstehung Jesu und die Auferweckung der Toten durch Gott.
Dies drückt sich in vielen Zeichen und Handlungen aus, die den Tod eines Menschen begleiten.
Die Beerdigung selbst ist ein Ritus des Übergangs und der Verwandlung. Angehörige und Freunde nehmen vom irdischen Leib des Menschen Abschied, ehren ihn und übergeben ihn als »Samenkorn der Auferstehung« der Erde. Sie klagen über den Tod des geliebten Menschen, beten für ihn und geleiten ihm zum Grab.
Dort wird der Sarg mit dem Leib des Toten in die Erde gelegt, der Priester sprengt Weihwasser – Zeichen der Vollendung der Taufe – über den Sarg und ehrt den Leib des Verstorbenen, indem er ihn mit Weihrauch beräuchert. Er wirft Erde auf den Sarg zum Zeichen der Vergänglichkeit des Menschen und macht das Kreuzzeichen über dem Grab als Zeichen der Hoffnung auf die Auferstehung.
Die Begräbnisfeier ist verknüpft mit einer Eucharistiefeier*, also der Feier des Todes und der Auferstehung Jesu. Sie drückt aus, dass der Verstorbene wie jeder Christ mit Jesus auferstehen wird, und macht im gemeinsamen Mahl der Eucharistie deutlich, dass die Lebenden mit den Toten immer noch verbunden sind.
Diese Bedeutung der Eucharistie kommt auch in anderen Zusammenhängen zum Ausdruck wie z. B. der »Wegzehrung«, also der Eucharistiefeier in unmittelbarer Todesnähe am Ende des Lebens.
Im Lauf des Jahres drücken dies auch die Eucharistiefeier und der Gräbergang an den Festen Allerheiligen* und Allerseelen* aus: die Lebenden und ihre Toten gehören in der Gemeinschaft der Kirche zusammen, denn sie glauben an die Auferstehung, die dem Tod nicht das letzte und gültige Wort lässt.

- Informiere dich über den genauen Ablauf der Begräbnisfeier im Gotteslob (GL 81-91).
- Die Angehörigen von Martin finden in der Feier der Beerdigung Trost und Hilfe. Erläutere, wodurch dies geschieht.
- In der Gemeinde Martins ist es üblich, die Eucharistie nach der Beerdigung zu feiern. Warum erleben die Angehörigen dies wohl als tröstend?

Jenseitsvorstellungen der Religionen

Bei den Germanen

Die Germanen bestatteten ihre Toten mit Waffen, Werkzeugen und Hausgerät, weil sie an das Fortleben der Toten glaubten. Am Tag nach der Bestattung hielten alle Sippengenossen ihnen zu Ehren ein großes Mahl. Die Trauer ging über in neue Lebensfreude. Bei der Ernte lud man die Toten zu einem gemeinsamen Mahl ein. Ihnen wurden bestimmte Plätze freigehalten; die Toten sollten sozusagen mit am Tisch sitzen. Im Mittelalter entstand in Verbindung mit dem biblisch-christlichen Gedenken und Gebet für die Toten das jährliche Allerseelenfest.

Bei den Griechen

Im Glauben der Griechen brachte ein Fährmann mit Namen *Charon* die Toten über den schwarzen Fluss *Styx.* Man legte dem Verstorbenen ein Geldstück in den Mund als Wegegeld für den Fährmann. Nach der Überfahrt kann sich der Tote an nichts mehr aus seinem Leben erinnern, weder an Glück und Freude noch an Sorge und Leid. Vor dem Totenreich wartet der Höllenhund *Zerberus.* Er bewacht den Einlass und verwehrt jedem die Rückkehr. Die Toten leben als Schatten im Reich des *Hades,* des Königs der Unterwelt, weiter.

Im Hinduismus

Die höchste Gottheit ist *Brahman,* der Weltgeist. Der Mensch muss immer wieder geboren werden, bis sich seine Seele *Atman* gereinigt hat und sich so mit der Weltseele *Brahman* verbinden kann. Die Seele steigt nach dem Tod auf oder ab, je nachdem, wie sie sich im Leben bewährt hat. Sie wohnt auf ihrem Weg in Pflanzen, Tieren und Menschen, bis sie schließlich ihr Ziel erreicht. *Atman* und *Brahman* vereinigen sich, wie sich ein Tropfen Wasser mit dem Meer verbindet.

Im Buddhismus

Auch der Buddhismus kennt die Vorstellung von der Wiedergeburt. Der Mensch muss wieder geboren werden, um immer selbstloser zu werden. Nur so kann er dem Leiden der Welt entfliehen. Ursache allen Leidens ist nach der Lehre Buddhas die Lebensgier. Durch Entsagung kann der Mensch Zufriedenheit und Glück erlangen. So ist eben das Nichts die höchste Erlösung, das *Nirwana.*

Im Islam

Wer Gutes tut, kommt in den Himmel, die Sünder werden in ewige Feuerpein gestoßen. Für die Beurteilung des Menschen im Weltgericht gilt vor allem die Befolgung der fünf Grundgesetze des Islam. In einem Bild ausgedrückt bedeutet dies: Unser Leben ist der Weg zum Paradies. Wenn wir regelmäßig zu Allah beten, liegt der halbe Weg hinter uns. Wenn wir fasten, kommen wir bis an die Pforte des Paradieses. Wenn wir armen Menschen Almosen geben, wird uns der Eingang geöffnet. Wenn sich der Mensch für seinen Glauben an Allah eingesetzt hat und einmal im Leben zum Heiligtum nach Mekka gepilgert ist, dann wird er nach seinem Tod im Paradies weiterleben. Das Paradies stellen sich die Muslime als einen wunderschönen schattigen Garten vor, in dem ewiger Frühling herrscht.

Im Judentum

Für gläubige Juden bedeutet der Tod kein endgültiges Scheiden. Deshalb wird der Friedhof oft »Haus des Lebens« oder »Guter Ort« genannt. Die Toten »schlafen« im Staub der Erde, bis sie von Gott aufgrund seines großen Erbarmens wieder belebt werden. Die Juden kennen keine Trennung von Leib und Seele, sondern sehen diese als Einheit. Etwa seit dem 3. Jh. v. Chr. wird in den prophetischen Schriften die Auferstehung als große Hoffnung formuliert.

Weiter-Leben nach dem Tod?

Die Lehre von der Reinkarnation, der Wiederverkörperung oder Wiedergeburt, stammt aus dem Hinduismus und Buddhismus. Sie ist eine der ältesten Antworten auf die Frage nach dem Weiterleben über den Tod hinaus. Oft spricht man auch von Seelenwanderung. Der vergängliche Leib wird gewechselt und die Seele wandert in eine andere äußerliche Hülle. In den indischen Religionen bestimmen die Folgen der jetzigen guten oder schlechten Taten das Geschick des Menschen im künftigen Leben. Dann erhalte ich den Lohn für mein jetziges Leben. Es geht also um einen gerechten und sühnenden Ausgleich dafür, wie ein Mensch gelebt hat.

Die Bibel beschreibt das Leben nach dem Tod in Bildern, die ein glückliches Leben »bei Gott« zeichnen. Das Christentum glaubt an die Einmaligkeit der menschlichen Person und des menschlichen Lebens. Jeder Mensch erlebt seine leibhaftige Auferstehung.

In der Neuzeit fand die Reinkarnationslehre wieder mehr Anhänger. Viele berühmte Persönlichkeiten bekannten sich zu ihr. Besonders seit den 70er Jahren des letzten Jahrhunderts spielt sie in neuen religiösen Entwicklungen und Bewegungen eine wichtige Rolle. Sie ist heute eine weit verbreitete Überzeugung, vor allem im Bereich der Esoterik*. Mit den Mitteln der Naturwissenschaft lässt sie sich nicht beweisen.

Die modernen, westlichen Vorstellungen von Reinkarnation unterscheiden sich wesentlich von den traditionellen östlichen Ideen. Dort ist Reinkarnation ein Übel und man hofft, sich aus dem Kreislauf von Schuld und Sühne befreien zu können. Hier erwartet man sich von der Wiedergeburt die Chance auf ein weiteres, gelingendes Leben.

> **Durch früheren Lebens Werke wird die Seele**
> **stets wiederum mit neuem Leib geboren**
> **und wiederum durch neuen Lebens Werke.**
> **So ist der Leib das stete Los der Seele.**
> **Gleich wie man alte abgetragene Kleider**
> **ablegt und neue wieder anzieht,**
> **so legt den alten Leib die Seele nieder,**
> **um neuen Leib sich wieder anzulegen.**
>
> *Bhagavadgita II,22*

- Vergleiche das Verständnis von Reinkarnation in den verschiedenen Ausformungen. Beschreibe die Unterschiede zum christlichen Verständnis von Auferstehung Deuteseite (68).
- Für das Leben nach dem Tod gibt es in vielen Religionen Vorstellungen von einem »glücklichen« oder einem »qualvollen« Ort. Du kannst die Begriffe im Text den jeweiligen Orten zuordnen.
- In welchen Zusammenhängen wird heute von Himmel und Hölle gesprochen?
- Ergänze folgenden Satzanfang: »Himmel bedeutet für mich ... (oder: ist für mich wie ...); Hölle ist, wenn ... (oder: ist, wo ...)«.
- Wie denkt man darüber im Christentum? Gibt es darüber unterschiedliche Vorstellungen bei jungen und alten Menschen?
- Zu allen Zeiten haben Menschen sich Gedanken und Bilder über das Jenseits gemacht. Informiere dich über christliche Bilder vom Jenseits, z. B. auf den nachfolgenden Seiten.

Verwandlungen

Die Libellenlarve und der Blutegel

Eine Fabel erzählt das Gespräch zwischen einer Libellenlarve, die immer wieder den unwiderstehlichen Drang nach oben hat, um neue Luft zu schöpfen, und einem Blutegel, der sagt:

»Hab ich vielleicht jemals das Bedürfnis nach dem, was du Himmelsluft nennst?«

»Ach«, erwiderte die Libelle, »ich hab nun einmal die Sehnsucht nach oben. Ich versuchte auch schon einmal, an der Wasseroberfläche nach dem zu schauen, was darüber ist. Da sah ich einen hellen Schein, und merkwürdige Schattengestalten huschten über mich hinweg. Aber meine Augen müssen wohl nicht geeignet sein für das, was über dem Teich ist. Aber wissen möchte ich's doch!«

Der Blutegel krümmte sich vor Lachen:

»O, du fantasievolle Seele, du meinst, über dem Tümpel gibt es noch etwas? Lass doch diese Illusionen. Glaub mir als erfahrenem Mann: Ich hab den ganzen Tümpel durchschwommen. Dieser Tümpel ist die Welt – und die Welt ist der Tümpel. Und außerhalb dessen ist nichts!«

»Aber ich hab doch den Lichtschein gesehen und Schatten!«

»Hirngespinste! Was ich fühlen und betasten kann, das ist das Wirkliche«, erwiderte der Blutegel.

- Die Metamorphose (= Umwandlung) der Raupe zum Schmetterling ist für die Biologie immer noch ein Geheimnis. Finde weitere Beispiele.
- Deute die Natur-Symbole dieser Doppelseite auf die Themen »Tod« und »Leben nach dem Tod« hin!
- Gestalte das Bild eines Weizenkorns (z. B. indem du ein Dia ritzt), das in die Erde gelegt wird und zu einer neuen Pflanze erblüht.
- Lies dazu auch das Lied im Gotteslob Nr. 620.
- Das Kapiteleingangsbild (57) trägt den Titel »Auferstehung«. Deute seine Formen.

Wer jeden Abend sagen kann:
»Ich habe gelebt«,
dem bringt jeder Morgen neuen Gewinn.

Seneca

Ich glaube an die Auferstehung der Toten

In den Briefen des Apostels Paulus findet sich das älteste Bekenntnis der Auferstehung:

Christus ist für unsere Sünden gestorben
gemäß der Schrift, und ist begraben worden.
Er ist am dritten Tag auferweckt worden,
gemäß der Schrift,
und erschien dem Kefas,
dann den Zwölf.

1 Kor 15,3-5

Im Apostolischen Glaubensbekenntnis bekennen die Christen:

Ich glaube an Jesus Christus, ...
gelitten unter Pontius Pilatus,
gekreuzigt, gestorben und begraben,
hinabgestiegen in das Reich des Todes,
am dritten Tage auferstanden von den Toten,
aufgefahren in den Himmel;
er sitzt zur Rechten Gottes, des allmächtigen Vaters;
von dort wird er kommen,
zu richten die Lebenden und die Toten.
Ich glaube ... an die Vergebung der Sünden,
Auferstehung der Toten und das ewige Leben.
Amen

Gläubige zu allen Zeiten erfuhren: Jesus lebt. Sein Tod am Kreuz war nicht sinnlos!
Die Macht der Liebe ist stärker als der Tod. Sie bekennen: Christus ist auferstanden.
Immer wieder wurde in Geschichten, Bildern und Liedern versucht,
die Auferstehung darzustellen.

- Vergleiche zwei der Auferstehungserzählungen aus den Evangelien: Mk 16,1-8; Mt 28,1-8; Lk 24,1-12; Joh 20,1-10. Was ist ihnen gemeinsam? Worin unterscheiden sie sich?
- Beschreibe und deute das Auferstehungsbild von Grünewald* (69). Setze dich dabei kritisch mit der Form der Darstellung auseinander, indem du die Auferstehungserzählungen der Evangelien liest.
  Der Auferstandene trägt an Händen und Füßen die Wundmale, setze dies in Verbindung zur leibhaftigen Auferstehung (70f).
- Vergleiche diese Auferstehungsdarstellung mit der Darstellung von Ingo Jännsch »Auferstehung« Titelseite (57).

Leibhaftige Auferstehung

Im Glaubensbekenntnis sprechen Christen
»Ich glaube an die Auferstehung der Toten«.
Christliche Glaubenstradition sagt sogar: leibhaftige
Auferstehung. Mit der leibhaftigen Auferstehung ist
nicht die Auferstehung unseres jetzigen Körpers
gemeint. Dieser wird nach unserem Tod in seiner
jetzigen Gestalt vergehen, aber wieder erstehen in
einer neuen Gestalt.

Wenn die Bibel von Leib spricht, meint sie nicht den
Körper. Sie versteht den Leib als Ausdruck der Seele,
die unseren Augen ansonsten verborgen bleibt.
Heutige Theologen erklären, dass unser Leib vor
allem die Aufgabe hat, die Kommunikation mit
anderen Menschen zu ermöglichen.

Zu unserem Leib gehört demnach die Verständigung
mit anderen Menschen:

Zum Beispiel der Kontakt zu unserer Familie, der uns
sehr prägt; oder die unterschiedlichen Erfahrungen,
die wir durch Freundschaften erleben. Auf diese
Weise sammelt unser Leib all unsere Erfahrungen in
sich. Der Leib ist unsere individuelle Lebensgeschichte.

Wenn Christen nun von leibhaftiger Auferstehung
sprechen, meinen sie, dass alle Kommunikation und
unsere persönliche Lebensgeschichte mit uns auferstehen. Bei der leibhaftigen Auferstehung kommt also
nicht nur der verstorbene Mensch zu Gott. Das
würde ja bedeuten, dass seine Lebensgeschichte,
seine Erfahrungen und die Beziehungen zu anderen
Menschen bedeutungslos sind. Dann würde das
gelebte Leben keine Rolle spielen und mit dem Tod
zu Ende sein.

**Vor seiner Geburt
war Jesus auferstanden**

**Sterben gilt
nicht für Gott
und seine Kinder**

**Wir Auferstandene
vor unserer Geburt**

Rose Ausländer

Wenn wir aber glauben, dass unser Leib aufersteht,
dann kommt auch unsere Lebensgeschichte mit all
ihren Beziehungen und Freundschaften zu Gott und
wird von Gott vollendet. Diese Vorstellung macht
Hoffnung; denn so geht, trotz des Todes, nichts vor
Gott verloren. In unserem Tod kommen wir mit
unserer Lebensgeschichte, mit unseren Erfahrungen
und mit all unseren Beziehungen zu Gott.

- Betrachte das Bild (71), indem du einzelne Teile abdeckst. Wie verändert sich deine Wahrnehmung?
  Wie kannst du das Bild verstehen?
- Setze das Bild in Zusammenhang mit der Aussage des Textes »Leibhaftige Auferstehung«.

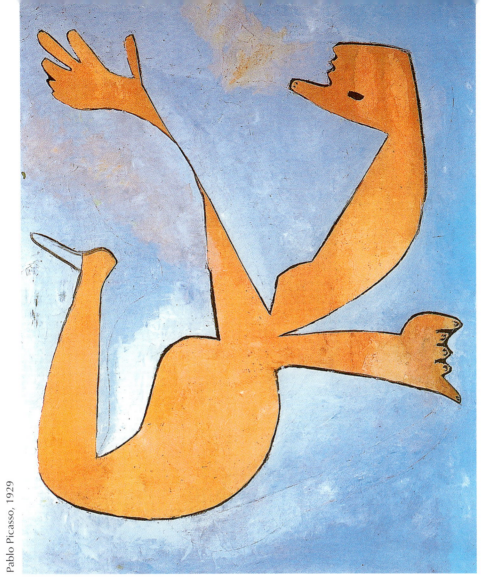

Pablo Picasso, 1929

Ein Leben nach dem Tode

Glauben Sie fragte man mich
An ein Leben nach dem Tode
    Und ich antwortete: ja
    Aber dann wußte ich
    Keine Auskunft zu geben
    Wie das aussehen sollte
    Wie ich selber aussehen sollte
    Dort
Ich wußte nur eins
Keine Hierarchie von Heiligen
auf goldnen Stühlen sitzend
Kein Niedersturz
Verdammter Seelen
Nur
Nur Liebe frei gewordne

    Niemals aufgezehrte
    Mich überflutend
Kein Schutzmantel starr aus Gold
Mit Edelsteinen besetzt
Ein spinnwebenleichtes Gewand
Ein Hauch
Mir um die Schultern
Liebkosung schöne Bewegung
Wie einst von tyrrhenischen Wellen
Wie von Worten die hin und her
    Wortfetzen
    Komm du komm
Schmerzweb mit Tränen besetzt
Berg-und-Tal-Fahrt
Und deine Hand

Wieder in meiner
    So lagen wir lasest du vor
    Schlief ich ein
    Wachte auf
    Schlief ein
    Wache auf
    Deine Stimme empfängt mich
    Entläßt mich und immer
    So fort
Mehr also, fragen die Frager
Erwarten Sie nicht nach dem Tode?
Und ich antworte
Weniger nicht

Marie Luise Kaschnitz

Deuteseite
71

Mitten im Leben

Eigene Bilder von Tod und Auferstehung

Tod und Auferstehung können Erfahrungen mitten in unserem Leben sein! Die Schwere des Todes und die Hoffnung auf die Auferstehung werden in Symbolen* und Ritualen* zum Ausdruck gebracht.
Ein Licht in der Dunkelheit anzuzünden ist ein solches Zeichen der Hoffnung. Mitten in der Dunkelheit – Symbol für Angst, Not und Schmerz in unserem Leben – schafft es Wärme und Licht. So wird es zum Zeichen dafür, dass die Dunkelheiten in unserem Leben nicht das Letzte sind.

Zünden wir eine Kerze an, so erinnert ihr Schein auch an das Feuer. Es schafft Wärme und Geborgenheit und ermöglicht damit Leben, aber es hat auch die Kraft zu zerstören, Altes zu vernichten und den Weg für Neues frei zu machen.
Deshalb spielen Feuer und Kerze bei der Feier der Auferstehung eine besondere Rolle.

Sitzend
In den Dunkelheiten unseres Lebens
In Streit, Langeweile und Frust
Voll Sorge und Schmerz
Allein.

Zünde ein Licht an
Das die Nacht hell macht
Ein kleines Stück Dunkel vertreibt
Noch vorsichtig und leicht auszulöschen
Und doch der Keim eines lodernden Feuers
Das Totes verbrennt und in Leben verwandelt.

Und dann gib das Licht weiter
Damit es sich ausbreitet
Zwischen uns
In einem Lachen oder einem guten Wort
In Freundlichkeit und einem offen Ohr
Und Mut macht und Hoffnung weckt

Auch eine
Auferstehung.

- Diese Bedeutung von Licht und Wärme, die Hoffnung auf Auferstehung, kannst du auch selbst ausdrücken, indem du eine Osterkerze gestaltest. Besorge dir dazu eine einfache Wachskerze und Wachsplatten in verschiedenen Farben.
- Welche Erfahrungen von Not und Dunkelheit hast du selbst schon gemacht? In welchen Situationen konntest du neu Hoffnung schöpfen? Suche nach Symbolen, Farben und Formen, in denen du deine Erfahrungen zum Ausdruck bringen kannst. Zeichne einen Entwurf, den du dann auf die Kerze überträgst. Viele Bilder und Texte in diesem Kapitel geben dir dazu Anregungen und Ideen. Je einfacher die Form, desto leichter und wirkungsvoller ist sie zu gestalten.
- Betrachtet anschließend eure Kerzen und entzündet sie.

Osterliturgie – Zeichen der Auferstehung

Die Feier der Osternacht beginnt in unserer Gemeinde morgens um 5.30 Uhr. Die Gemeinde trifft sich fröstelnd vor der Kirche. Der Priester entzündet hier ein Feuer, das die Blicke der Menschen anzieht. In den dunklen Morgen hinein mischt sich die leichte Wärme der lodernd roten Flamme. Der Priester segnet das Feuer und bittet: »Entflamme in uns die Sehnsucht nach dir, dem unvergänglichen Licht!« Dann wird die neue Osterkerze, die die Gemeinde durch das kommende Kirchenjahr begleiten soll, gesegnet. Dabei ritzt der Priester ein Kreuz in die Osterkerze und spricht: »Christus, gestern und heute, Anfang und Ende.« Er zeichnet das Alpha und Omega der Kerze nach. Sie sind der erste und der letzte Buchstabe des griechischen Alphabetes. Die Osterkerze wird an dem Holzfeuer entzündet und der Priester spricht: »Christus ist glorreich auferstanden vom Tod. Sein Licht vertreibe das Dunkel der Herzen.« Nun ziehen alle in einer Prozession in den dunklen Kirchenraum. Allein die Osterkerze leuchtet. Diese wird feierlich emporgehalten, der Priester singt »Lumen Christi« (Christus das Licht!) und die Gemeinde antwortet »Deo gratias« (Dank sei Gott!).

Erst jetzt werden von der Osterkerze ausgehend die Kerzen der Gemeindemitglieder entzündet. So breitet sich vorsichtig das Licht im Kirchenraum aus. Jede und jeder gibt seiner Nachbarin, seinem Nachbarn das Licht weiter und blickt so in ein von der Flamme erleuchtetes Gesicht, bis der ganze Kirchenraum von einem wohligen, warmen Schein erfüllt ist. Um die Freude und das Wunderbare dieses Momentes zu verdeutlichen, singt ein Zelebrant oder der Priester das Osterlob »O wahrhaft selige Nacht ...«.

Manchmal feiern wir

T: Alois Albrecht / M: Peter Janssens
© Peter Janssens Musik Verlag, Telgte

1. Manch - mal fei - ern wir mit - ten im Tag ein Fest der Auf - er - ste - hung. Stun - den wer - den ein - ge - schmol - zen und ein Glück ist da. da.

2. Manchmal feiern wir mitten im Wort ein Fest der Auferstehung.
Sätze werden aufgebrochen und ein Lied ist da.

3. Manchmal feiern wir mitten im Streit ein Fest der Auferstehung.
Waffen werden umgeschmiedet und ein Friede ist da.

4. Manchmal feiern wir mitten im Tun ein Fest der Auferstehung.
Sperren werden übersprungen und ein Geist ist da.

Leben über den Tod hinaus ...

Erzbischof Oscar A. Romero

*»Mich kann man töten,
aber nicht die Stimme der Gerechtigkeit!«*

Zunächst wirkt der 1970 zum Bischof geweihte Romero unscheinbar und zurückhaltend in einem Bistum in El Salvador. Er fällt nicht besonders auf. Nach seiner Ernennung (1977) zum Erzbischof der Hauptstadt San Salvador aber tritt er immer entschlossener für die Menschenrechte und die Rechte des Volkes ein. Er teilt das Leid und die Hoff-nung der Armen und Unterdrückten, er schützt sie und verteidigt ihre Würde und ihr Recht auf Leben. Sonntag für Sonntag hört das Volk auf seine Botschaft, die über das Radio im ganzen Land verbreitet wird. Sein Amt und sein internationaler Ruf helfen ihm, wenn er sich zu ihrem Sprachrohr macht. Furchtlos nennt er die Schuldigen am Elend der Menschen.

Am 23. März 1980 wendet sich der Erzbischof von San Salvador in seiner Sonntagspredigt an die Männer der Armee seines Landes: »Es sind Brüder aus unserem eigenen Volk. Sie töten ihre eigenen Brüder auf dem Land ... In Gottes Namen und im Namen dieses leidgezeichneten Volkes, dessen Klagen jeden Tag lauter zum Himmel steigen, ersuche ich euch, bitte ich euch, befehle ich euch im Namen Gottes: Beendet die Repression!«

Am Tag danach wird er während der Eucharistiefeier im Alter von 63 Jahren ermordet. Eine Kugel durchbohrt sein Herz.

Bei seinem Begräbnis sind Tausende von Menschen aus seinem Volk und aus aller Welt anwesend. Auch sie werden dabei zu Opfern und Zeugen der Unterdrückung des salvadorianischen Volkes durch das herrschende Militär.

»Häufig habe ich Todesdrohungen erhalten. Ich muss aber sagen: Als Christ glaube ich nicht an einen Tod ohne Auferstehung. Wenn sie mich töten, werde ich im Volk von El Salvador wiedererstehen. Als Hirte bin ich gehalten, mein Leben für die zu geben, die ich liebe.
Und das sind alle Salvadorianer, sogar die, die mich umbringen wollen. Sollten sie ihre Drohungen ausführen, dann werde ich mein Blut opfern für die Erlösung und Auferstehung von El Salvador.
Ein Bischof wird sterben, aber die Kirche, und das ist das Volk, wird niemals untergehen.«

*Aus seinem letzten Interview
zwei Wochen vor seinem Tod*

- Finde weitere Informationen über Erzbischof Romero. Informiere dich über die aktuelle Lage in seinem Land.
- Es gibt noch viele andere Opfer der Unterdrückung (= Repression) in Mittelamerika. Informiert euch in Gruppen und stellt sie euch gegenseitig in der Klasse vor.

Edith Stein

»Je dunkler es hier um uns wird,
desto mehr müssen wir das Herz öffnen
für das Licht von oben.«

Edith Stein kommt am 12.10.1891 als jüngste Tochter der dreizehnköpfigen Familie eines jüdischen Holzhändlers in Breslau zur Welt und wächst in der jüdischen Tradition auf. Nach dem Abitur studiert sie die Fächer Psychologie, Philosophie, Germanistik, Geschichte und Deutsch. Freiwillig leistet sie während des 1. Weltkrieges Dienst in einem Seuchenlazarett. Daneben arbeitet sie als Lehrerin in ihrer Heimatstadt. Sie studiert bei dem berühmten Philosophen Edmund Husserl in Freiburg und erwirbt den Doktortitel. Auf der Suche nach der absoluten Wahrheit erlebt sie viele Enttäuschungen. Durch die Lektüre der Autobiografie der hl. Teresa von Avila und das Beispiel gläubiger Menschen gelangt sie zum christlichen Glauben und lässt sich am 1.1.1922 taufen.

Sie geht zunächst als Lehrerin nach Speyer und widmet sich in Schriften und Vorträgen der Frage der Emanzipation der Frauen in der Gesellschaft. 1933 verliert sie nach der Machtergreifung durch die Nationalsozialisten wegen ihrer jüdischen Abstammung ihre Stelle als Dozentin in Münster.

Die ganze Zeit reift in ihr der Entschluss in den Orden der hl. Teresa einzutreten. Nun ist sie frei und tritt am 14.10.1933 in den Karmel* in Köln ein. Sie erhält den Ordensnamen Schwester Teresia a Benedicta Cruce, d. h. die vom Kreuz gesegnete Teresia. Sie fühlt sich weiter ihrem Volk verbunden und leidet mit ihm unter der Verfolgung. Sie sieht es als ihre Berufung, »für alle vor Gott zu stehen«. Um das Kölner Kloster nicht zu gefährden, geht sie 1938 in den Karmel im holländischen Echt. Dort trifft sie ihre 1936 getaufte Schwester. Am 2. August 1942 wird sie von SS-Offizieren verhaftet und in das Sammellager Westerbork gebracht. Den Mitgefangenen fällt auf, dass sie in dem schrecklichen Elend große innere Kraft und Ruhe ausstrahlt. Sie hilft Frauen und

Kindern und spendet Trost, wo immer sie kann. Sie wird mit ihrer Schwester Rosa nach Auschwitz* deportiert und wahrscheinlich direkt nach der Ankunft des Zuges am 9. August 1942 in der Gaskammer umgebracht.

Am 11. Oktober 1998 wird Edith Stein als Märtyrerin der Shoa* und der Liebe heilig gesprochen. Sie gehört zu den Patroninnen Europas.

»Die Last ist gewiss sehr groß und nur ein Felsenglaube fähig sie zu tragen.«
»Wer sühnt für das, was am jüdischen Volk im Namen des deutschen Volkes geschieht?
Wer wendet diese entsetzliche Schuld zum Segen für beide Völker?«

● Es gibt inzwischen viele Einrichtungen, die den Namen Edith Steins tragen. Suche in deiner Umgebung nach Spuren und Hinweisen auf Edith Stein oder den Orden der Karmelitinnen.
Tragt eure Funde auf einer informativen Wandtafel zusammen.

Im Blickkontakt

Dieses Grabzeichen besteht aus einer 10 mm dicken Metallplatte. Es wurde aus einem Stück geschmiedet. Die dunkle Metallplatte ist durch ein Kreuz durchbrochen. Licht fällt von einer Seite auf die andere. Das Kreuz ist aus dem gleichen Material wie das schwere Metall. Die Kreuzbalken werden zu einem Kopf und einer Hand, die sich nach unten zum Toten hinneigen. Unter dem Grabzeichen ist ein junger Mann begraben, der kurz vor seiner Hochzeit stand. Seine Eltern wohnen neben dem Friedhof und können jederzeit mit dem Grab in Blickkontakt treten.

- Deute die Aussage des Grabzeichens.
- Versuche andere Möglichkeiten zu finden, wie man einen Grabstein (oder ein Grabzeichen) gestalten kann, bei dem die Hinterbliebenen Trost finden können.
- Du kannst auch eine Beileidskarte entwerfen.
- Bringe Traueranzeigen aus der Tageszeitung mit (vgl. Ideenseite (60)). Welche Symbole sind abgebildet?
- Notiere dir die Texte. Welche Auffassung vom Tod kommt in den Anzeigen zum Ausdruck?
- Was aus diesen Texten könnte die Hinterbliebenen trösten?

**Die Bibel –
ein Buch zum Leben**

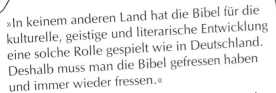

»Sie werden lachen – die Bibel!«

*Bertolt Brecht, Schriftsteller,
auf die Frage nach seiner Lieblingslektüre*

»Die Bibel sollte lebendiger und ansprechender geschrieben sein.«

Jenny, 9. Klasse

»In keinem anderen Land hat die Bibel für die kulturelle, geistige und literarische Entwicklung eine solche Rolle gespielt wie in Deutschland. Deshalb muss man die Bibel gefressen haben und immer wieder fressen.«

Wolf Biermann, Liedermacher

»Na ja, irgendwie gehört es schon zur Allgemeinbildung, über die Bibel Bescheid zu wissen, auch wenn mich die Texte darin nicht so sehr persönlich angehen.«

Wolfgang, 17 Jahre

»Was mich vor allem an der Bibel stört, ist ihre Sprache. So würde sich doch heute niemand mehr ausdrücken!«

Michaela, 9. Klasse

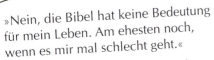

»Nein, die Bibel hat keine Bedeutung für mein Leben. Am ehesten noch, wenn es mir mal schlecht geht.«

Katharina, 9. Klasse

»In der Bibel sind die Schwachen stark und die Starken schwach.«

Dirk, 9. Klasse

Ein gefährliches Buch

Auf sein Bücherbrett im Lehrlingswohnheim stellte Michael die Bibel. Nicht, weil er gläubig ist, sondern weil er sie endlich einmal lesen wollte. Der Erzieher machte ihn jedoch darauf aufmerksam, dass auf dem Bücherbrett eines sozialistischen Wohnheims die Bibel nichts zu suchen habe. Michael weigerte sich, die Bibel vom Regal zu nehmen. Diese Weigerung, vorgetragen hinter dem Schild der Lessing-Medaille, die Michael am Ende der 10. Klasse verliehen bekommen hatte, führte ihn sofort unter die Augen des Direktors: die Bibel verschwand.

Reiner Kunze

Wer Konflikte mit Gewalt lösen will, ist **out**. Wer dagegen auf Gewalt verzichtet und sich um Verständigung bemüht, ist in, denn freuen dürfen sich alle, die Frieden schaffen; denn sie werden Gottes Kinder sein.

Mt 5,9

Wer die Umwelt schützt und sorgsam mit der Schöpfung umgeht, ist **in**, denn Gott, der Herr, nahm den Menschen und setzte ihn in den Garten von Eden, damit er ihn bebaue und behüte.

Gen 2,15

Lifestyle à la Bibel?

Wer sich mit seinen Kindern versöhnt und sie auch dann noch »heimkommen« lässt, wenn sie eigene Wege gehen, ist **in**, denn die Liebe ist langmütig, die Liebe ist gütig. Sie erträgt alles, glaubt alles, hofft alles, hält allem stand.

1 Kor 13,4-7

Wer gemeinsam mit anderen in der Bibel danach sucht, dass Gott ihn anspricht, weil er weiß: Worte, die uns wirklich helfen, können wir uns nicht selbst sagen, ist **in**, denn der Mensch lebt nicht vom Brot allein, sondern von einem jeden Wort, das aus dem Mund Gottes geht.

Mt 4,4

Wer Ausländer hasst oder Asylbewerber ausgrenzt, ist grenzenlos **out**, denn wenn sich ein ausländischer Sklave zu euch flüchtet und bei euch Schutz sucht, dann liefert ihn nicht seinem Herrn aus. Er soll in Freiheit bei euch leben dürfen, wo es ihm gefällt. Nützt seine Notlage nicht aus!

Dtn 23,16-17

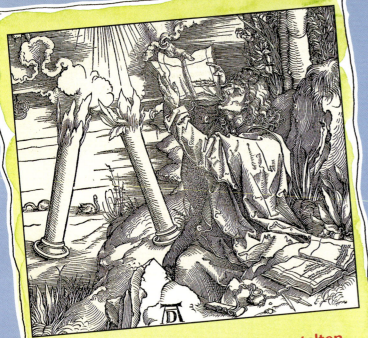

Ein Sprach-Bild deuten und neu gestalten

Dieser Teil aus einem Holzschnitt (1498) von Albrecht Dürer trägt den Titel »Johannes verschlingt das Buch«. Mit dem Buch ist die Bibel gemeint. Wie könntest du deine Einstellung zur Bibel in einer Zeichnung oder einer Karikatur zum Ausdruck bringen?

Sprechen und vertonen

Verschafft euch ein neues Hörerlebnis von einem biblischen Text, indem ihr ihn abwechselnd oder mit Rollen verteilt lest. Vielleicht eignet sich der Text auch zur Vertonung, z. B. als Rap?

Gespräche vorstellen und verfassen

Lass die Personen eines biblischen Textes miteinander in ein Gespräch kommen oder lass sie mit dir selbst sprechen!

Im Dialog: der Text als Gegenüber

Versuche in einen Dialog mit dem biblischen Text zu kommen, indem du dir den Text wie einen Partner vorstellst, dem du deine Gefühle, Fragen, Meinungen usw. mitteilst.
Mögliche Gesprächsanfänge:
»Ich kann dir nicht zustimmen, denn ...«,
»Du ärgerst mich, weil ...« oder
»Du tust mir gut, weil ...«.
Als Bibelstellen eignen sich dazu besonders: Ps 139, Hld 8,6ff oder Koh 3,1-8.

Interviews führen

Befrage andere Menschen, möglichst aus unterschiedlichen Berufen und Generationen, zu ihrer Einstellung zur Bibel.
Mögliche Fragen: Welche Texte aus der Bibel kennen Sie?, Lesen Sie regelmäßig in der Bibel?, Was bedeutet Ihnen die Bibel?
Überlege dir auch eigene Fragen!

Einen biblischen Text kalligrafisch umsetzen

Das Hohelied der ♥

Wenn ich das "ABC" der Menschen und Engel redete
und hätte die ♥ nicht,
wäre ich [Gong] Erz oder eine [Boom] Pauke.
Und wenn ich prophetisch BLABLA könnte
Und alle "X-Akte" wüßte
und alle Erkenntnis hätte,
wenn ich alle Glaubens-"🏔" besäße
und [Berg] damit versetzen könnte,
hätte aber die ♥ nicht,
wäre ich nichts.
Und wenn ich meine ganze Habe ver-🎁,
und wenn ich meinen Leib dem 🔥 übergäbe,
hätte aber die ♥ nicht,
nützte es mir nichts.

Sebastian, 9. Klasse

Sich einfühlen

Oft versteht man einen biblischen Text besser, wenn man sich in eine Person der Geschichte hineinversetzt (z. B. in die gekrümmte Frau bei Lk 13,10-17).
Fühle dich in Erfahrung und Lebenswelt dieser Person ein und schreibe dann aus ihrer Perspektive einen Tagebucheintrag oder einen inneren Dialog.

Aktualisieren

In einer Klasse haben die Schülerinnen und Schüler den Psalm 139 in ihre Jugendsprache »übersetzt«, weil ihnen der Inhalt gefiel, sie aber die Sprache »altmodisch« fanden. Hier ist ein Ergebnis:

Story 139: Gott, der perfekte Bodyguard

Meister, du kennst mich wie deine eigene Westentasche,
ob ich skate oder PC spiele, du weißt es.
Du bist der korrekte Gedankenleser.
Bevor ich fluche oder rappe, du weißt es bereits.
Du schützt mich so gut wie der perfekteste Bodyguard.
Zu krass ist dieses Wissen, mein IQ checkt es nicht.

Staunenswert ist, wie cool du mich modelliert hast.
Thanks – thanks a lot –
dass ich leben darf.
Ich weiß, alles was du geschaffen hast, ist voll korrekt.

Matthias, 9. Klasse

Versuche selbst einmal einen biblischen Text zu aktualisieren, indem du ihm eine andere Sprache gibst; dadurch machst du ihn für dich verständlicher. Du kannst natürlich auch den Inhalt eines biblischen Textes aktualisieren!

Das virtuelle Bibelmuseum besuchen

Unter www.dbg.de (Deutsche Bibelgesellschaft) könnt ihr ein Bibelmuseum besuchen. Erarbeitet in Gruppen die unterschiedlichen Themenschwerpunkte, die ihr dort findet, und stellt sie euch gegenseitig vor.

Ein Buch mit Auswirkungen erkunden

Die Bibel prägt unsere Sprache: Schlage die folgenden Redewendungen in der Bibel nach:
1. Wer nicht arbeiten will, soll auch nicht essen. (1 Thess 3,10)
2. Die Perlen nicht vor die Säue werfen. (Mt 7,6)
3. Wer andern eine Grube gräbt, fällt selbst hinein. (Spr 26,27)
4. Das tägliche Brot. (Mt 6,11)
5. Auge um Auge, Zahn um Zahn. (Ex 21,24)
6. An ihren Früchten sollt ihr sie erkennen. (Mt 7,16)

Die Bibel teilen

1. Beten
An erster Stelle steht ein Gebet, das von einem der Teilnehmenden frei formuliert wird und in dem Gott zum Gespräch in die Versammlung eingeladen wird.

2. Lesen
Der Bibeltext wird von einem der Teilnehmer vorgelesen.

3. Meditieren des Textes
Die Teilnehmer suchen einzelne Sätze oder Wörter des Textes, die sie besonders ansprechen oder über die sie stolpern, heraus und sprechen sie mehrmals langsam vor sich hin. Am Ende dieser Phase wird der Text noch einmal ganz vorgelesen.

4. Still werden und auf Gott hören
Die Teilnehmer verweilen ein paar Minuten schweigend und versuchen in der Stille zu hören, was Gott ihnen sagen will.

5. Miteinander teilen
Die Teilnehmer teilen einander mit, was sie am Text persönlich angesprochen und berührt hat.

6. Gemeinsam handeln
Der Text fordert zum Handeln auf. Die Teilnehmer überlegen gemeinsam, welche Konsequenzen sich aus dem Gehörten für ihr Leben und ihr Handeln im Alltag ergeben. In den Basisgemeinden der so genannten Dritten Welt werden hier auch konkrete gemeinsame Projekte und Probleme besprochen.

7. Gemeinsam beten
Durch ein gemeinsames Gebet oder Lied wird das Treffen beendet.

Die Methode des so genannten Bibel-Teilens entstand ursprünglich in Südafrika und wird heute vor allem in den Kirchen Afrikas und Lateinamerikas angewandt, um das Wort Gottes heute zu hören und danach zu handeln.
Eine kleine Gruppe von sechs bis acht Christen und Christinnen trifft sich, um gemeinsam in sieben Schritten in der Bibel zu lesen.

Wichtig an der Methode des Bibel-Teilens ist vor allem die Haltung, in der man mit dem Text umgeht. Es geht nicht darum, *über* den Text zu reden und Wissen *über* den Text zu erwerben, sondern sich in der Stille vom Text ansprechen zu lassen. Es geht darum, miteinander die aus dem Text gewonnenen Ideen und Einsichten zu teilen.
Keiner der Teilnehmenden muss Wissen über die Bibel mitbringen, allen wird zugetraut, den Text zu verstehen. Der Prüfstein des richtigen Bibellesens ist das praktische Handeln. Nur wenn sich das, was wir lesen, auch in unserem Alltag auswirkt, ist das Wort der Bibel wirksam geworden. Es ist auf »guten Boden« gefallen.

Gemeinsam in der Bibel lesen – das gibt es nicht nur in Afrika oder Lateinamerika, sondern auch hier bei uns. Es sind Menschen jeden Alters, mit den unterschiedlichsten Berufen, aus verschiedenen Gemeinden und Konfessionen oder auch aus derselben Gemeinde. Sie treffen sich regelmäßig, lesen gemeinsam in der Bibel, beten und erzählen sich von ihrem Leben.
Alle wollen die Texte der Bibel nicht nur im Gottesdienst hören, sondern sich selbst aktiv mit ihnen auseinander setzen; sie deuten ihre Erfahrungen mit Hilfe der Bibel und tauschen sich vor allem mit anderen Christen darüber aus.
Man trifft sich z. B. in kleinen Gruppen, zu Hause im Wohnzimmer, redet miteinander über die Ereignisse der letzten Woche, singt Lieder und beginnt mit der Bibelarbeit.

Der Text wird von einem der Teilnehmer vorgelesen, evtl. noch eine andere Übersetzung zum Vergleich dazu benutzt. Sachinformationen, die für das Verständnis des Textes wichtig sind, werden nachgeschlagen. Anschließend liest jeder Teilnehmer die ausgewählte Bibelstelle noch einmal in Ruhe allein durch. Er spürt ihr nach und versucht sich in den Text hineinzufühlen. Danach schließt sich ein Gespräch über den Text, über Deutungen, Anregungen und Ideen, die sich für die Teilnehmer daraus ergeben, an. Immer geht es um die Anwendung des biblischen Textes im Alltag; darum, was der Text für das Leben jeder und jedes Einzelnen bedeuten kann. In einem Hauskreis erleben Christen eine kleine überschaubare Gemeinschaft, die gemeinsam nach dem Wort Gottes sucht.

- Du hast zwei Arten des Bibel-Teilens kennen gelernt. Vergleiche das Bibel-Teilen in Südafrika und in deutschen Hauskreisen. Was ist ähnlich, was ist anders?
- Betrachte zur Methode des Bibel-Teilens auch das Bild Titelseite (77) und lies den dem Bild zugrunde liegenden Text Lk 13,6-9. Wie hat der Künstler die Aussage des Textes umgesetzt? Erkennst du einen Zusammenhang mit der Methode des Bibel-Teilens?
- Welche Arten des Bibellesens kennst du? Welche Erfahrungen hast du damit gemacht?
- Diskutiere, wodurch sich die Methode des Bibel-Teilens von unseren herkömmlichen Methoden der Bibelarbeit unterscheidet und welche Impulse sich daraus ergeben könnten.
- Würde es dich reizen, auch einmal an einem Bibelgespräch mit spontanem und freiem Austausch teilzunehmen? Wie könnt ihr in eurer Klasse einmal ein solches Bibelgespräch durchführen?

Auf Adlerflügeln

Ihr habt gesehen, wie ich euch auf Adlerflügeln getragen
und hierher zu mir gebracht habe.

Exodus 19,4

Er beschirmt dich mit seinen Flügeln,
unter seinen Schwingen findest du Zuflucht,
Schild und Schutz ist dir seine Treue.

Psalm 91,4

Ukrainische Bauern
hatten einen Wunsch zum Neuen Jahr
voll sorglosem Humor,
indem sie nicht Bäume
zum Gleichnis nahmen,
sondern Tiere.
»Gott schicke den Tyrannen Läuse,
den Einsamen Hunde,
den Kindern Schmetterlinge,
den Frauen Nerze,
den Männern Wildschweine,
uns allen aber einen Adler,
der uns auf seinen Fittichen
zu ihm trägt.«

Lobe den Herren, der alles so herrlich regieret,
der dich auf Adelers Fittichen sicher geführet,
der dich erhält,
wie es dir selber gefällt.
Hast du nicht dieses verspüret?

Gotteslob 258

Ich weiß nicht, ob es genügt,
den Tyrannen Läuse zu wünschen,
aber den Adler
wünsche ich dir.

Jörg Zink

- Die biblische Sprache steckt voller Symbole. Vertiefst du dich in ein solches Symbol, so beginnen die alten Zeilen auch zu dir heute zu sprechen.
  Um dich zum Beispiel mit dem Symbol Adler auseinanderzusetzen, stelle dir einen Adler und seine Lebensweise vor. Informiere dich darüber in Lexika oder bitte deinen Biologielehrer um Informationsmaterial! Verfasse einen Text, in dem du das Leben eines Adlers in Ich-Form beschreibst.
- Deute vor diesem Hintergrund auch die Bibeltexte oben.
- Nähere dich auf ähnliche Weise auch anderen biblischen Symbolen, z. B. dem Stein (Jes 28,16; 2 Sam 22,2f.; Psalm 40,3), dem Baum (Mt 8,23, Mt 13,31-32) oder dem Brunnen (Joh 4,6).
- Unter www.bibel-guide.de kannst du eine Konkordanz* benutzen und ein Stichwort eingeben.
  Das Programm zeigt dir dann alle Bibelstellen, in denen der gesuchte Begriff vorkommt.

Sei mir gnädig, o Gott, sei mir gnädig;

denn ich flüchte mich zu dir.

Im Schatten deiner Flügel finde ich Zuflucht,

bis das Unheil vorübergeht.

Psalm 57,2

Zurückfragen – die ursprüngliche Absicht des Textes erforschen

Von den ältesten Texten der Bibel sind wir ca. 3000 Jahre, von den jüngsten immer noch ca. 1900 Jahre entfernt. Viele der biblischen Texte sind uns deshalb nicht mehr unmittelbar verständlich; sie enthalten Widersprüche und Ungereimtheiten oder führen zu Missverständnissen.

Die so genannte historisch-kritische Methode der Exegese (= wissenschaftliche Auslegung der Bibel) versucht sachlich und unvoreingenommen herauszufinden, wie der Text entstand und was er ursprünglich sagen wollte.

Sie geht dabei in folgenden Schritten vor:

1. Suche nach dem ursprünglichen Wortlaut
Dies geschieht, indem man verschiedene Handschriften miteinander vergleicht. (Ihr könnt dies nachvollziehen, indem ihr die gleiche Bibelstelle in unterschiedlichen Übersetzungen nachschlagt.)

2. Suche nach den Verfassern
Die wenigsten Bücher der Bibel stammen von einem einzigen Verfasser; noch viel weniger ist dieser namentlich bekannt. Unterschiedliche Sprach- und Erzählstile im Text weisen auf verschiedene Verfasser hin. Anhand ihrer sprachlichen Eigenheiten lassen sie sich voneinander trennen und mit ihren Aussagen in ihre jeweilige geschichtliche Situation einordnen.

3. Suche nach der mündlichen Vorgeschichte
Vor der Niederschrift des Textes liegen Jahrzehnte oder gar Jahrhunderte der mündlichen Überlieferung. Ihre Reste finden sich auch in der schriftlichen Form wieder. Untersucht man die Form des Textes (z. B. auf Reime oder rhythmisierte Sprache), so findet man Hinweise auf die Situation, in der der Text oder einzelne seiner Bestandteile überliefert wurden (z. B. als Lied im Gottesdienst).

4. Suche nach der literarischen Gattung
Nimmt man eine Fabel oder ein Gedicht wörtlich, so kann man an der Aussage des Textes gründlich vorbeigehen. Das Erkennen der Textsorte oder der literarischen Gattung (z. B. Gleichnis, Brief, Wundererzählung) ist also entscheidend für das Verständnis eines Textes. Das gilt auch für die Bibel. Wir kennen die literarischen Gattungen der Bibel jedoch in manchen Fällen nicht mehr. Sie müssen herausgefunden und berücksichtigt werden, um die Texte angemessen verstehen zu können.

5. Suche nach dem historischen Umfeld
Auch die Archäologie und allgemeine Geschichtswissenschaft werden befragt, um die zeitgeschichtlichen Hintergründe eines Textes zu klären.

Mit diesen Methoden versucht man, biblische Texte als Glaubenszeugnisse in ihren jeweiligen historischen Zusammenhang zu stellen. Auf diese Weise kann man dem von den Autoren beabsichtigten Sinn des Textes möglichst nahe kommen.

Ein klassisches Beispiel für die historisch-kritische Methode ist der »synoptische Vergleich« (Synopse = Zusammenschau) der drei Evangelien Mt, Mk und Lk. Ein Beispiel für den synoptischen Vergleich findest du auf Infoseite (87).

- Achte auf die wörtlichen Übereinstimmungen aller drei Evangelien (blau). Welcher gemeinsame Erzählkern ergibt sich? Wie lassen sich diese Gemeinsamkeiten deiner Meinung nach erklären?
- Achte auf die Übereinstimmungen zwischen Mk und Lk (orange) und die Übereinstimmungen zwischen Mt und Mk (schwarz). Welche Gemeinsamkeiten ergeben sich jeweils?
- Vergleiche Abweichungen im Text der einzelnen Evangelien (grün) sowie Unterschiede in Umfang, Stil und Inhalt. Welche Wirkungen erzielen die Verfasser damit? Worauf legen sie besonderen Wert?
- Weitere Erkenntnisse über die Entstehung der Evangelien* findest du im Lexikon.

Die Heilung des blinden Bartimäus*

Mt 20 29–34	Mk 10 46–52	Lk 18 35–43
²⁹Und als sie Jericho verließen, folgte ihm eine große Volksmenge. ³⁰Und siehe, zwei Blinde saßen am Wege. Und als sie hörten,	⁴⁶Und sie kamen nach Jericho. Und als er mit seinen Jüngern und vielem Volk Jericho verließ, saß der Sohn des Timäus, Bartimäus, ein blinder Bettler, am Wege. ⁴⁷Und als er hörte,	³⁵Es begab sich aber, als er in die Nähe von Jericho kam, saß ein Blinder am Wege und bettelte. ³⁶Als der hörte, wie eine Volksmenge vorüberzog, fragte er, was das bedeute. ³⁷Und man teilte ihm mit, daß Jesus von Nazareth vorüberziehe.
daß Jesus vorbeikomme, schrien sie: Herr, erbarme dich unser, Sohn Davids! ³¹Die Volksmenge aber fuhr sie an, sie sollten schweigen. Sie aber schrien (nur) noch lauter: Herr, erbarme dich unser, Sohn Davids! ³²Da blieb Jesus stehen, ließ sie herbeirufen	es sei Jesus von Nazareth, begann er zu schreien: Sohn Davids, Jesus, erbarme dich meiner! ⁴⁸Da fuhren ihn viele an, er solle schweigen. Er aber schrie (nur) noch lauter: Sohn Davids, erbarme dich meiner! ⁴⁹Da blieb Jesus stehen und sprach: Ruft ihn her! Und sie riefen dem Blinden und sagten zu ihm: Fasse Mut, steh auf, er ruft dich. ⁵⁰Da warf er seinen Mantel ab, sprang auf und kam zu Jesus.	³⁸Da rief er laut: Jesus, Sohn Davids, erbarme dich meiner! ³⁹Da fuhren ihn die (im Zuge) Vorangehenden an, er solle schweigen. Er aber schrie (nur) noch lauter: Sohn Davids, erbarme dich meiner! ⁴⁰Da blieb Jesus stehen und ließ ihn zu sich führen.
und sprach: Was wollt ihr, daß ich euch tun soll? ³³Sie sprachen zu ihm: Herr, daß unsere Augen geöffnet werden. ³⁴Da berührte Jesus, von Mitleid ergriffen, ihre Augen, und sogleich konnten sie wieder sehen und folgten ihm.	⁵¹Und Jesus redete ihn an und sprach zu ihm: Was willst du, daß ich dir tun soll? Der Blinde aber sprach zu ihm: Rabbuni, ich möchte wieder sehen können. ⁵²Da sprach Jesus zu ihm: Geh, dein Glaube hat dir geholfen. Und sogleich konnte er wieder sehen und folgte ihm auf dem Wege.	⁴¹Als er nahe herangekommen war, fragte er ihn: Was willst du, daß ich dir tun soll? Er aber sprach: Herr, ich möchte wieder sehen können. ⁴²Da sprach Jesus zu ihm: Sei wieder sehend, dein Glaube hat dir geholfen. ⁴³Und sogleich konnte er wieder sehen und folgte ihm, Gott preisend. Und das ganze Volk, das zusah, gab Gott die Ehre.

- Die wichtigsten wissenschaftlichen Erkenntnisse über Entstehung und geschichtlichen Zusammenhang der einzelnen biblischen Bücher findest du in deiner Bibel als »Einleitung« vor dem eigentlichen Bibeltext. Informiere dich über die Entstehung und Hintergründe der drei synoptischen Evangelien.
- Wenn dein/e Lehrer/in einen historisch-kritischen Kommentar mitbringt, kannst du weitere Hintergrundinformation zu einer einzelnen Bibelstelle nachlesen. Versuche dies für den oben abgedruckten Bibeltext.

Den eigenen Augen trauen – die Struktur des Textes untersuchen

Jesus und die Ehebrecherin (Joh 8,1-11)

Bei der Begegnung mit einem biblischen Text ist es hilfreich, wenn man in einem ersten Schritt seinen eigenen Augen traut, indem man den Text in aller Ruhe und detailliert wahrnimmt. Spannende Entdeckungen kann man machen, wenn man dabei den Bauplan des Textes untersucht. Auch Texte, die dir schon bekannt vorkommen, geben neue Einsichten preis. Entscheidend sind die Hauptpersonen und die übrigen handelnden Personen einer biblischen Geschichte und ihre Beziehungen zueinander. Diese werden im Beispiel unten durch Pfeile verdeutlicht. Auch der Ort und die Zeit der Handlungen werden

genau betrachtet; zum Beispiel kann es bedeutsam sein, wenn sich eine Person oder Personengruppe bewegt und den Ort verlässt (wie z. B. die Pharisäer). Außerdem kann man sich bei dieser Untersuchung fragen, welches Problem dem Text zugrunde liegt. Dies ergibt sich im Beispiel daraus, dass sich die Pharisäer auf das Gesetz des Mose beziehen. So werden also die unterschiedlichen Werte oder Erwartungen der handelnden Personen wichtig für das Verständnis der biblische Geschichte. Diese Art der Auseinandersetzung mit einem biblischen Text untersucht die Struktur eines Textes, deshalb nennt man sie strukturale Bibelauslegung.

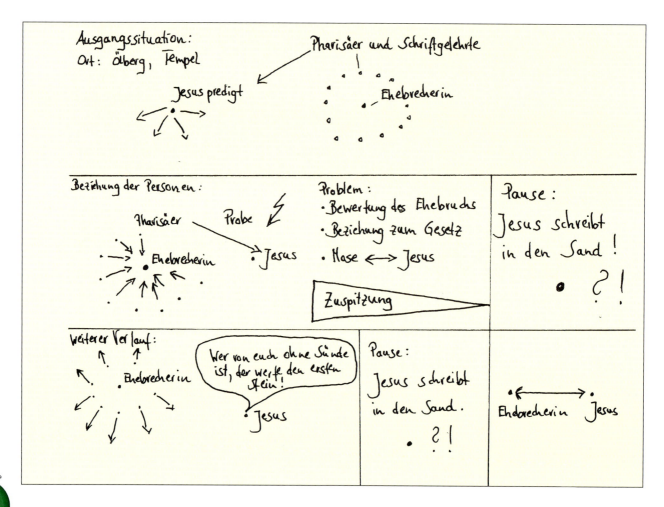

Max Slevogt, 1889-1899

- Die folgenden erzählenden Texte der Bibel lassen sich mithilfe der strukturalen Bibelauslegung gut erschließen: Das Gleichnis vom barmherzigen Vater (Lk 15,11-32, vgl. das Bild oben) und Der Weg nach Emmaus (Lk 24,13-35).

  Folgende Fragen können euch helfen: Wo spielt der Text? Welche Personen stehen in welcher Beziehung zueinander? Welches Problem liegt vor? Wird in dem Text eine Bewegung beschrieben?

- Zu biblischen Texten sind unzählige Bilder entstanden. Sie wollen nicht einfach nur den Inhalt des Textes darstellen, sondern den biblischen Text auch deuten, vielleicht sogar verändern.

  Bei der Betrachtung eines Bildes kannst du folgende Aspekte bedenken: Was ist zu sehen?

  Wie wurde das Bild komponiert? Welche Farben, welche Formen hat der Maler gewählt?

  Was drückt das Bild aus? Welche Gefühle löst das Bild bei mir aus?

Dahinter steigen – den Text psychologisch deuten

Die Geschichte von Lea und Rachel

Im Buch Genesis erzählt die Bibel, wie der Patriarch Jakob in einem langen Prozess zu einer reifen und gläubigen Person wächst. Dazu gehört auch die Begegnung mit der Liebe zu einer Frau (29,1-30,24). Jakob begegnet Rachel am Brunnen, einem Symbol für den Blick in den Spiegel und auf das eigene Ich.

Sie reicht ihm Wasser des Lebens und sorgt auch für die anderen Geschöpfe. Wie gefangen von ihrer Schönheit ist er bereit, sieben Jahre auf sich zu nehmen, um sie nach der damaligen Sitte zur Frau zu bekommen. Bei der Hochzeit mit der verschleierten Frau wird ihm jedoch ihre ältere, unansehnliche Schwester Lea untergeschoben. Wütend verlangt er, dass der Betrug rückgängig gemacht wird. Doch er muss wiederum sieben Jahre arbeiten, um endlich auch die geliebte Rachel heiraten zu können. Mit beiden Frauen wird er zu einem glücklichen Ehemann mit vielen Kindern.

Die tiefenpsychologische Auslegung deutet diese Erzählung von Lea und Rachel als Motiv der ganzheitlichen Annahme eines geliebten Menschen. Rachel und Lea stehen für die hellen und dunklen Seiten in einer Person. Oft sehen wir ja zunächst nur die hellen und schönen Seiten und sind wie geblendet. Mit der Zeit lernen wir dann auch die Schatten, die uns fremden und dunklen Seiten eines Menschen kennen. Damit ist all das gemeint, was wir verdrängen oder selbst noch gar nicht kennen. Mit jeder Beziehung nehmen wir auch diese Seiten mit in Kauf. Die Menschen der Bibel sind überzeugt, dass bei allem, was ihnen widerfährt, Gott schützend und begleitend bei ihnen ist.

Jakob wird durch die Zeit der Prüfung fähig, in Lea auch die »Schattenseiten« Rachels zu lieben und anzunehmen. Wie die Liebe der Frau ihn zum Schaffen und Streben antreibt, befreit seine Liebe die Frau zur vollen Entfaltung.

Die tiefenpsychologische Bibelauslegung geht davon aus, dass unter den direkten Aussagen des Textes tiefere Bedeutungen liegen. Dort finden sich die Lebens- und Glaubenserfahrungen vieler Menschen und Gruppen. Sie zeigen sich in Bildern und Symbolen, die durch die Tradition geformt sind. Sie sind dadurch archetypisch, d. h. auch für spätere Zeiten gültig geworden. Diese Urerfahrungen tragen gleichsam die Glaubensaussagen der Texte.

Diese Bibelauslegung eröffnet Zugänge zu den Urbildern menschlicher Grunderfahrungen. Dazu wird ein vielschichtiger Austausch zwischen der biblischen Erzählung und den Leserinnen und Lesern in Gang gebracht. Die biblischen Erfahrungen und Botschaften werden nicht nur bewusst zur Kenntnis genommen, sondern auch mit dem Gemüt und dem Fühlen aufgenommen und erreichen so die ganze Person. Die damaligen Erfahrungen können so aufgenommen und ins heutige Leben umgesetzt werden. Die Texte der Bibel werden dadurch weitgehend frei von umweltbedingten und historischen Hindernissen und unmittelbar zugänglich. Wundergeschichten werden dann z. B. gelesen als Geschichten der Selbstwerdung, vom Sehend-Werden, vom Gehen-Lernen oder Befreit-Werden mit Hilfe Jesu als dem vollen Bild Gottes.

So können auch heutige Menschen in der inneren Erfahrung einen direkten Zugang zur befreienden Botschaft der Bibel finden.

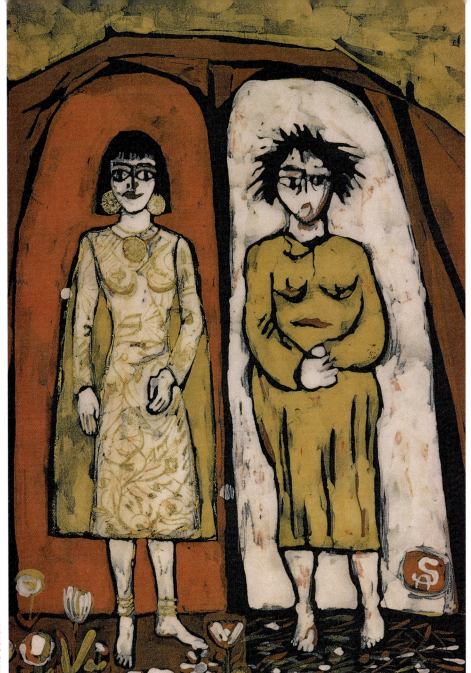

Anne Seifert

- Mit der Sprache des Bildes drückt die Künstlerin die Tiefenschichten der Erzählung aus. Entdecke sie im Bild.
- Es gibt viele weitere Stellen in der Bibel, in denen von »Paaren« die Rede ist, z. B. Gen 4,1-16; Lk 10,38-42; 12,35-48. Lest sie mit verteilten Rollen und achtet dabei besonders auf eure Gefühle und Stimmungen. Versetze dich in eine der Personen und lasse sie durch dich über sich erzählen oder einen Brief an die andere schreiben. Versuche auch einmal die Stimmungen in Farben auszudrücken. Dabei muss kein Kunstwerk entstehen; traue einfach deinen Empfindungen!

Die kürzeste Bibel der Welt

Diese Geschichte spielt im Jahr Zweitausendundsoundsoviel.
Ein Wanderprediger kommt in eine Gegend, in der »Gott« ein Fremdwort
geworden ist. Er erzählt von Jesus und seiner Botschaft. Da ergeht es ihm fast
wie Paulus:
Die Leute, die ihn zunächst sehr kritisch beobachtet haben, sind angetan
von der Botschaft, die er verkündet. Sie versuchen selbst nach dem Evange-
lium zu leben.
Als der Prediger nach Wochen weiterziehen will, bitten ihn die Leute, ihnen doch die
Bibel dazulassen, damit sie selbst weiterlesen könnten.
Er besitzt aber nur noch die eine, die Einzige, in der er selbst liest.
Da hat er eine Idee: In seinem Rucksack hat er einige unbedruckte
farbige Bogen Papier. Diese schneidet und faltet er in winzige
Büchlein mit verschiedenfarbigen Seiten. Und er erklärt den
Leuten sein Büchlein:

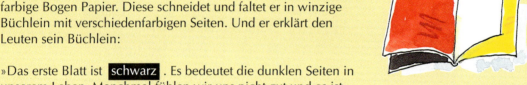

»Das erste Blatt ist `schwarz` . Es bedeutet die dunklen Seiten in
unserem Leben. Manchmal fühlen wir uns nicht gut und es ist
finster in uns.
Manchmal fühlen wir uns auch traurig und verzweifelt.
Manchmal fühlen wir uns auch schuldig. Aber das ist ja nur das erste Blatt!
Das zweite Blatt ist `rot` . Diese Farbe erinnert euch an die Liebe. Ich meine die
Liebe, die wir untereinander immer wieder spüren und brauchen. Rot steht
aber auch besonders für die Liebe Gottes zu uns. Besonders in Jesu Worten
und Taten hat er uns seine Liebe gezeigt. Rot erinnert uns auch an seinen
grausamen Tod.
Das dritte Blatt ist `weiß` . Es besagt: Nach der Finsternis und dem blutigen
Rot kann es hell und licht werden. Gott will, dass wir in Freude leben und
glücklich werden. Wie bei Jesus, kann es auch bei uns immer wieder leuchtend
hell und rein werden. Wie er, können auch wir Helligkeit und Freude in
das Leben bringen.
Das vierte Blatt schließlich ist `gelb`. Diese Farbe hat mit der Sonne zu tun.
Für Menschen der Bibel bedeutet sie die Sonne der Auferstehung. Sie strahlt
nicht nur am Ende meines Lebens, sondern macht das Leben jetzt schon warm.
Die Ostersonne strahlt in alle Winkel und will allen Menschen Gutes verheißen.«

Die Leute haben aufmerksam zugehört. Sie denken noch eine Weile über seine Erklärungen nach. Dann sagt
einer zu dem Missionar: »Warum hast du unseren kleinen Bibeln einen goldenen Umschlag gegeben?«
»Damit ist das Wesen der Bibel erfasst«, antwortet jener. »Sie ist wie ein kostbarer Schatz. Deshalb kommt ein
goldener Umschlag herum. Gold ist schließlich auch die strahlende Farbe des Himmels, auf den die Menschen
der Bibel hoffen dürfen.«

- Besorge dir Blätter in den fünf Farben und bastle für dich eine kleine »Not-Bibel«.
  Auf die Seiten kannst du malen oder schreiben, was sie für dich persönlich bedeuten.
  Ihr könnt euch auch gegenseitig eine Bibel schenken. Schreibe dann auf die Seiten, was du dem anderen
  damit sagen willst.

Kirche in bewegten Zeiten

Vor einigen Jahren war **Jürgen** noch Ministrant. Heute hat er den Kontakt zu seiner Pfarrgemeinde verloren. In der Berufsschule meldete er sich vom Religionsunterricht ab, obwohl er dadurch jetzt eine Zwischenstunde hat, weil an seiner Schule kein Ersatzunterricht erteilt wird. Er nutzt diese Zeit, um seine Schularbeiten zu machen, und der Religionslehrer hat nichts dagegen, dass er sich in der letzten Bankreihe während des Unterrichts mit Normschrift, Fachzeichnungen und Arbeitskunde beschäftigt. Manchmal erweckt Jürgen den Eindruck, als würde er gerne mitreden bei bestimmten Themen, aber abgemeldet ist abgemeldet. Gestern vergaß er seine konsequente Haltung. Plötzlich griff er in die Diskussion ein. Erstaunt drehten sich seine Klassenkameraden zu ihm um. Mit hochrotem Kopf stieß er die Sätze heraus: »Kirche* und Glaube, das ist noch lange nicht dasselbe. Ich glaube an Gott, gehe aber nicht in die Kirche und hör mir diese Predigten an. Kirche bringt mir nichts. Sie ist eine blutleere Organisation, ein unbeweglicher Saurier; sie hat nichts mit dem Leben zu tun. Glaube ist eine persönliche Entscheidung, Kirche ist Tradition. Viele gehen nur aus Gewohnheit zum Gottesdienst, weil es immer schon so war. Christus wollte Menschen, die so lebten, wie er lebte. Macht das die Kirche? Ist einer ein besserer Mensch, wenn er Sonntags in die Kirche geht? Hilft einer dem anderen oder flicken sie sich am Zeug, wenn sie können? Im Gottesdienst sitzen sie nebeneinander und schauen geradeaus, jeder für sich, kein Lächeln. Scheinheiliges Theater, mehr nicht!« Jürgen stand auf, schnappte sich seinen Sturzhelm und verließ das Klassenzimmer.

Momentaufnahmen

Ich glaube, dass Christus immer bei seiner Kirche sein wird.

Petra ist 15 Jahre alt und seit einiger Zeit bei der CAJ. Diese drei Buchstaben sind die Abkürzung für den kirchlichen Jugendverband Christliche Arbeiterjugend. Jeden Donnerstag treffen sich etwa neun Jugendliche in einem Raum im Pfarrzentrum, den sie sich selbst eingerichtet haben.
Auch sonst sind die CAJ-ler oft zusammen; manchmal täglich. Sie reden über alle möglichen Dinge, hören Musik, lachen, »machen Blödsinn«. Das Gespräch kommt immer wieder mal auf die Kirche*, auf den Papst, der »gerade wieder in der Welt herumfliegt« und »die Pille verbietet«, den »reichen Vatikan«, auf Pfarrer und Kapläne, »die nicht heiraten dürfen«, auf steife Sonntagsgottesdienste, in denen Erwachsene »ihre neuen Kleider zur Schau stellen« usw. Das sind oft heftige Diskussionen und die Jugendlichen sind sich darin einig, dass sich vieles in der Kirche ändern muss.

In regelmäßigen Abständen bereitet die Gruppe mit dem Kaplan einen Jugendgottesdienst vor. Einige Jugendliche aus der Gemeinde haben eine Band gegründet, die beim Jugendgottesdienst spielt. Petra ist eine der beiden Sängerinnen. Sie findet die selbst gestalteten Jugendgottesdienste toll, weil in den Texten und Liedern die Jugendlichen vorkommen.

Interviews führen

Frage Menschen deiner Umgebung (Eltern, Großeltern, Lehrer/innen), was für sie an der Kirche am wichtigsten ist.

Du kannst dich dabei am Fragebogen Stellungnahmen (112) orientieren. Überlege, in welcher Form du den anderen in der Klasse deine Ergebnisse präsentieren willst.

Kirche lebt an verschiedenen Orten

»Kirche« bedeutet nicht nur Sonntagsgottesdienst. Ein Foto (94) zeigt Jugendliche bei einem internationalen Treffen.

Wann und wo findet der nächste Katholikentag oder Evangelische Kirchentag statt? Gibt es ein großes Jugendtreffen in eurer Nähe? Informiert euch; vielleicht haben einige von euch Lust gemeinsam daran teilzunehmen?

Zentralkomitee der
Deutschen Katholiken
Hochkreuzallee 246,
53175 Bonn
Tel.0228/3829729
Internet: www.katholikentag.de

Deutscher Evangelischer
Kirchentag
Magdeburger Str. 59,
36037 Fulda
Tel. 0661/969500
Internet: www.kirchentag.de

Lieder zum Thema »Kirche« befragen

Einige Kirchenlieder setzen sich mit dem Thema »Kirche« auseinander.

Suche im Gotteslob und anderen Liederbüchern nach Liedern zum Thema Kirche. Welche Bilder werden darin für die Kirche verwendet? Was drücken sie über das Selbstverständnis und den Ursprung der Kirche aus?

Aufgaben und Dienste einer Pfarrei skizzieren

Über das Zusammenwirken der verschiedenen Dienste in einer Pfarrgemeinde könnt ihr euch auf der Infoseite (110f.) informieren. Stellt die Aufgaben und Dienste eurer verschiedenen Pfarreien grafisch dar und entwerft für die anderen in der Klasse ein Übersichtsplakat. Dazu müsst ihr Gespräche mit Verantwortlichen in der Gemeinde führen und Informationen einholen.

Momentaufnahmen sammeln

Themenseite (94f.) zeigt unterschiedliche Momentaufnahmen der Kirche von heute.

Schreibe einen Brief an Jürgen oder Petra, in dem du deine eigene Meinung in Bezug auf die Kirche zum Ausdruck bringst und dich mit ihren Argumenten auseinander setzt.

Sammelt weitere Momentaufnahmen, die etwas vom Auftrag der Kirche zeigen. Je nachdem, wie viel Zeit ihr einsetzen möchtet, könnt ihr die Momentaufnahmen mit Fotoapparat und Kassettenrecorder festhalten und vielleicht sogar eine Ausstellung in der Schule organisieren.

Die Kirche versteht sich selbst als »Volk Gottes«. Jeden Sonntag gehen Millionen Menschen in die Kirche. Was sagst du dazu?

Steckbriefe: Menschen der Kirche für die Menschen

Franz* von Assisi (15), Katharina* von Siena und Friedrich Spee (100) haben sich in ihrer Zeit auf ganz unterschiedliche Weise für ihre Mitmenschen eingesetzt. Erstellt einen Steckbrief einer weiteren beeindruckenden Persönlichkeit. Bildet dazu Gruppen und besprecht zuerst, wie ihr Informationen findet, wie ihr sie ordnen und dann den anderen präsentieren möchtet. Einige Vorschläge:

Rupert Mayer*

Bartholomé* de Las Casas

Oscar A. Romero (vgl. (74))

Franziska Schervier*

Edith Stein (vgl. (75))

Das eigene Bistum besuchen

Sucht die Internetadresse eures eigenen Bistums heraus und informiert euch über seinen Aufbau und seine Struktur (vgl. auch Infoseite (110)).
Dort findet ihr auch Links zu weiteren kirchlichen Gruppen (z. B. www.kath.kirche.de).

Missionieren?

Ein Foto auf (94) zeigt junge afrikanische Christen. Wie kam das Christentum wohl zu ihnen? Was verstand man früher unter »Mission« und wie erfahren heute Nicht-Christen vom Evangelium? Sammelt in Kleingruppen Informationen zu diesen Fragen. Erste Hilfen bieten euch die Lexikonstichworte Bartholomé* de Las Casas, Orden*.

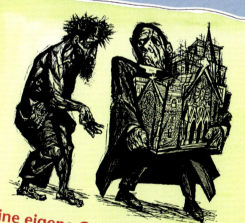

Eine eigene Gestaltung finden

Beschreibe und deute diese Karikatur. Wie würdest du das Verhältnis zwischen Kirche und Jesus darstellen? Setze das Foto von (93) zu dem Thema in Beziehung.

Sich gegen Unrecht einsetzen

Ein Foto auf (95) zeigt eine Mutter mit ihren Kindern, die vor Verfolgung aus ihrer Heimat fliehen musste. Sie hat in einer Kirchengemeinde in Deutschland durch so genanntes Kirchenasyl Schutz gefunden. Erkundigt euch, wie kirchliche Gruppen sich für verfolgte Menschen einsetzen. Veranstaltet dazu eine Pro- und Contra-Debatte.

Krieg im Namen des Evangeliums

Die Bewegung der Kreuzzüge prägte das 11. Jahrhundert. Nach der Eroberung des Vorderen Orients durch die Türken war es vermehrt zu Behinderungen auf Pilgerreisen nach Palästina und insbesondere nach Jerusalem gekommen, sodass Papst Urban II. im Jahr 1095 zum ersten Kreuzzug aufrief. Ziel der Kreuzfahrer war die Befreiung der heiligen Stätten. Nach dreijähriger Reise und großen Strapazen erreichten sie schließlich Jerusalem, eroberten die Stadt und richteten ein Blutbad an.

»Die heilige Stadt wurde von Norden her eingenommen und zwar in den Morgenstunden des Freitags, des 22. Schabans (= 15. Juli). Die Franken mordeten mehr als 70 000 Muselmanen in der Al-Aksa-Moschee: Unter ihnen befanden sich viele Gelehrte und Leute, die ein frommes und enthaltsames Leben führten und die ihr Heimatland verlassen hatten, um an diesem ehrwürdigen Ort zu beten.«

Aus der Chronik des Ibn-Atalyr

»Es wurden aber in der Stadt so viele Feinde erschlagen und so viel Blut vergossen, dass die Sieger selber mit Schrecken und Ekel erfüllt werden mussten.«

Wilhelm von Tyrus

Im Folgenden kam es zur Errichtung von Kreuzfahrerstaaten in Palästina, die jedoch keinen dauerhaften Bestand haben sollten.

Die Hintergründe der Kreuzzug-Bewegung waren vielfältig. Die Kreuzfahrer bewegte der dringende Wunsch, die heiligen Stätten aus den Händen der »Ungläubigen« zu befreien und den Christen im Orient zur Hilfe zu eilen. Mit dem Schlachtruf »Gott will es« auf den Lippen, waren sie davon überzeugt, den Willen Gottes durch einen Krieg gegen die »Ungläubigen« zu erfüllen.

Vermischt mit diesen religiösen Motiven waren jedoch die pure Abenteuerlust sowie die Verschuldung und Verelendung vieler Ritter im Spätmittelalter. Viele Kreuzfahrer flohen aus einer gescheiterten Existenz.

Habgier und die Möglichkeit, sich durch Raub und Plünderung während des Kreuzzugs zu bereichern, spielten eine weitere große Rolle. Ferner hatte das Konzil von Clermont (1095) ein Dekret über den Erlass (= Ablass) der Bußstrafen für alle Kreuzfahrer erlassen. Papst Urban II. erklärte dazu, »dass der bewaffnete Pilgerzug ins Heilige Land die Stelle der Buße für alle von den Pilgern gebeichteten und bereuten Sünden vertreten soll«.

Diejenigen, die sich – aus welchen Gründen auch immer – den Kreuzfahrern nicht anschließen konnten oder wollten, führten stattdessen Krieg gegen die »Ungläubigen« in ihrer Nachbarschaft. Im Schatten der Kreuzzüge kam es zu Pogromen und Judenverfolgungen in ganz Europa (1096 in Speyer, Worms, Mainz). Sie speisten sich aus dem allgemeinen Klima der Judenfeindschaft des Mittelalters, in dem man verallgemeinernd alle Juden als diejenigen hasste, die Jesus ermordet hatten, und ihnen die Vergiftung von Brunnen und die Schändung von Hostien vorwarf.

- Forscht nach, ob es in eurer Region zu Judenverfolgungen während des Mittelalters kam, und informiert euch im Stadtmuseum oder Stadtarchiv genauer darüber. Sucht nach weiteren Informationen über die Kreuzzüge und Judenverfolgungen des Mittelalters in eurem Geschichtsbuch der 8. Klasse.
- Begründet, warum die Idee der Kreuzzüge dem Wesen des Christentums widerspricht. Weshalb ist die Idee eines »heiligen Krieges« für Christinnen und Christen nicht akzeptabel?
- Bei einem der letzten Kreuzzüge 1202 wurde das Kreuzfahrerheer von venezianischen Kaufleuten nach Konstantinopel umgeleitet und die Stadt – obgleich christlich – erobert und zerstört.
Papst Johannes Paul II. zu diesem Vorfall: *»Einige Ereignisse in ferner Vergangenheit haben bis zum heutigen Tag tiefe Wunden in den Gemütern und Herzen der Menschen hinterlassen. Ich denke an die entsetzliche Zerstörung von Konstantinopel, das so lange Zeit die Bastion des Christentums im Osten war. Es ist tragisch, dass die Angreifer, die eigentlich den freien Zugang der Christen zum Heiligen Land sichern sollten, sich gegen ihre eigenen Brüder im Glauben gestellt haben.«*
Diskutiert anhand dieses Zitates, wie die Kirche heute die Ereignisse der Vergangenheit bewertet und wie sie sich sinnvoll damit auseinander setzen kann.

- Diese Darstellung von Kirche und Synagoge findet sich in ähnlicher Form auf vielen Kunstwerken des Spätmittelalters. Betrachte das Bild genau und deute die Symbole, mit denen Kirche und Synagoge jeweils dargestellt werden.
- Die Übersetzung der lateinischen Spruchbänder des Bildes lautet: »Durch den Glauben der Kirche wird der Name Gottes gepriesen in Ewigkeit« (auf der Seite der Kirche) bzw. »Das ist der Alte Bund, der vom Thron ins Geheimnis der Verdammung stürzt« (auf der Seite der Synagoge). Welches Selbstverständnis der Kirche drückt sich in diesem Bild und den Kommentaren der Spruchbänder aus? Bringt dieses Selbstverständnis in Zusammenhang mit den Informationen des Textes (98).
- Ein Teil des Spruchbandes wurde 1976 übermalt. Darauf stand: »Während das blinde Judentum verstoßen wird.« Erklärt, warum dieses Spruchband wohl übermalt wurde, und informiert euch, wie die Kirche sich heute mit ihrer früheren Haltung dem Judentum gegenüber auseinander setzt.

Mutig gegen den Hexenwahn

 im Jahre 1628. Der Teufel ist los im Kloster Sankt Anna. Die Nonnen beschuldigen Katharina, die Tochter des kaiserlichen Postmeisters, sie verhext zu haben. Wieder ist in einer christlichen deutschen Stadt, diesmal in einer katholischen, das Feuer des Hexenwahns ausgebrochen. Das Gericht lässt der jungen Frau keine Chance. Lebt sie rechtschaffen, hat sie sich getarnt. Zeigt sie Angst, hat sie ein schlechtes Gewissen. Gesteht sie nicht, wird sie gefoltert. Gesteht sie trotz der Qualen nicht, hält der Teufel zu ihr. Die angebliche Hexe wird von zwei Jesuiten zum Scheiterhaufen begleitet.

Der Wahn kommt nicht zum Stillstand. Mal ist die Ernte von Schädlingen bedroht, mal sterben Kinder kurz nach der Geburt. Es kann jederzeit die Pest ausbrechen. Der unselige 30-jährige Krieg zwischen protestantischen und katholischen Fürsten nimmt kein Ende. In diesem Deutschland voller Hass und Angst, voller Verzweiflung, Gewalt und Seuche geht es bald nur noch ums Überleben.

Pater Friedrich Spee von Langenfeld gehört dem Jesuitenorden an. Er unterrichtet in diesem Jahr an der Kölner Jesuitenschule.

Er begleitet verurteilte Hexen (etwa 200 Frauen und Männer) zum Scheiterhaufen. Er will etwas tun. Den Hexenglauben angreifen ist zwecklos. Da helfen keine Argumente. Also protestiert er in einer Mahnschrift mit dem Titel: »Cautio criminalis« für Richter, Fürsten und Prälaten gegen die Ungerechtigkeit von Folter und Hexenprozess: *»Wenn ein Mensch so umkommen muss, ob er ein Geständnis abgelegt hat oder nicht, dann möchte ich um der Liebe Gottes wissen, wie hier irgendjemand, und sei er noch so unschuldig, soll entrinnen können.«*

Die Wirkung ist groß und Pater Spee erhält eine Menge Schwierigkeiten – nicht nur in seinem Orden. Doch erst hundert Jahre nach seinem Tod werden keine Strafbestimmungen mehr gegen so genannte »Hexen« angewandt.

Als Friedrich Spee im Alter von 44 Jahren bei der Pflege pestkranker Soldaten stirbt, hinterlässt er auch eine Sammlung geistlicher Lieder und Gedichte. Der Titel dieser Sammlung heißt »Trutz-Nachtigall«. In dieser von Not gekennzeichneten Zeit will er von der Hoffnung singen – betörend wie eine Nachtigall: Gott möge die Türen öffnen für Gerechtigkeit und neues Leben.

Meinolf von Spee

Ein Lied von Friedrich Spee aus dem Jahre 1622

1. O Hei - land, reiß die Him - mel auf; he - rab, he - rab vom Him - mel lauf. Reiß ab vom Him - mel Tor und Tür, reiß ab, wo Schloss und Rie - gel für.

- Das Lied »O Heiland, reiß die Himmel auf« knüpft an Erfahrungen der damaligen Zeit an. Schlag im Gotteslob Nr. 105 die Strophen nach. Finde die Bilder, in denen die Sehnsucht der Menschen anklingt.
- Auch an vielen Orten in Bayern gab es Hexenprozesse. Oft finden sich in Heimatbüchern, Gemeindearchiven oder bei Heimatvereinen Prozessprotokolle. Vielleicht kannst du auch andere Spuren entdecken: Beispielsweise weisen häufig noch Straßennamen wie »Hexenbruch«, »Galgenhof« oder »Zum Köpfwasen« auf die Vergangenheit hin.

Am Anfang des 13. Jahrhunderts begann im ganzen christlichen Abendland ein Teufelsglaube um sich zu greifen. Viele Menschen hatten Angst und glaubten, Hexen hätten sich dem Teufel verschrieben, der so sein Unwesen treiben und Macht über die Welt erhalten könnte. Selbst Päpste und große Theologen waren davon überzeugt, dass Hexer und Hexen fähig wären, Menschen durch bösen Blick zu verhexen, Unwetter zu verursachen, Geburt von Kindern zu verhindern und Mensch und Tier zu schädigen und mit teuflischen Wesen geschlechtliche Gemeinschaft zu haben. Missernten, Krankheit, Tod, Impotenz, Ehebruch und Kinderlosigkeit galten als Folge der Hexentätigkeit.

Hexenverurteilungen, denen meist die Verbrennung folgte, waren ohne Geständnis der Beschuldigten kaum zu erzielen. Geständnisse waren aber nur durch Folterungen (so genannte Torturen) der Verdächtigten zu erreichen. Zeugen der Hexentaten gab es nicht, es sei denn, dass Hexen oder Hexer während der Folterung andere beschuldigten. Die Gründe für den Hexenwahn waren vielfältig: Für den Großteil der Bevölkerung des Mittelalters war die Welt erfüllt von Zauber und Gegenzauber, schwarzer und weißer Magie. Hexenverdächtigungen prägten oft den Alltag der Menschen. Hinzu kamen im ausgehenden Mittelalter extreme Hungersnöte, Pestepidemien, Krieg. Die Menschen hatten zu Beginn der Neuzeit Angst vor dem Zerfall der bisherigen Lebensordnung; ebenso spielten menschliche Bosheit, Verleumdung, Dummheit, oft jedoch auch Interessen der Mächtigen und wirtschaftliche Gewinnsucht eine Rolle. Die Prozesse öffneten dem privaten Hass Tür und Tor. Bis in das 18. Jahrhundert gab es solche Prozesse. Sehr viele Menschen, vor allem Frauen, wurden so auf schrecklichste Weise getötet.

Wie kann man die vielen Formen der Gewalt verschweigen, die auch im Namen des Glaubens verübt wurden? Die Religionskriege, die Tribunale der Inquisition und andere Formen der Verletzung der Menschenrechte?
Die Kirche muss aus eigenen Antrieben die dunklen Seiten ihrer Geschichte überprüfen und im Licht des Evangeliums bewerten.

Papst Johannes Paul II., 1994

Kirche im Nationalsozialismus

Mit Pauken und Trompeten zogen die deutschen Soldaten 1914 in den beginnenden 1. Weltkrieg. Viele junge Männer, kaum aus der Schule entlassen, meldeten sich freiwillig. Die Bevölkerung jubelte ihnen zu. Der 1. Weltkrieg endete in einem unermesslichen Leiden in Europa. 1918 aber unterblieb in Deutschland die allgemeine Trauer über den verlorenen Krieg und seine Opfer. Der eigene Anteil an der Katastrophe wurde verdrängt. Man nannte den Versailler Vertrag von 1919 einen Schandvertrag, war unzufrieden mit der Demokratie, die nach dem Krieg durch die Weimarer Republik errichtet wurde, sah sich durch Arbeitslosigkeit und Armut gedemütigt. Dies alles bildete den Nährboden für die Nationalsozialistische Deutsche Arbeiterpartei (NSDAP). Hitler versprach den Deutschen, sie aus Chaos und Not herauszuführen und ein neues großes deutsches Reich aufzubauen.

Darf ein Christ Mitglied der NSDAP sein?

Als die NSDAP bei der Reichstagswahl 1930 große Erfolge erzielte, kam es in den Kirchen zu heftigen Diskussionen. Auf die Frage, ob ein Katholik »eingeschriebenes Mitglied der Hitlerpartei sein kann und zu den Sakramenten zugelassen werden« könne, lautete in manchen Diözesen die Antwort: »Wir müssen das verneinen«. In der evangelischen Kirche schlossen sich größere Kreise zu einem »deutschen Christus-Glauben« zusammen und unterstellten sich Hitler, während andere kein Interesse an einem »germanischen Christentum« zeigten. Später leistete die »Bekennende Kirche«, der sich viele evangelische Christen anschlossen, Widerstand.

Im März 1933 warb Hitler in seiner Regierungserklärung um die Kirchen und versprach Zugeständnisse: *»Die nationale Regierung sieht in den beiden christlichen Konfessionen wichtige Faktoren der Erhaltung des Volkstums ... Sie wird in Schule und Erziehung den christlichen Konfessionen den ihnen zukommenden Einfluss einräumen. Ihre Sorge gilt dem aufrichtigen Zusammenleben zwischen Kirche und Staat.«*

Viele Christen waren beeindruckt. Sehr schnell bot Hitler der Kirche den Abschluss eines Reichskonkordats an, über das man vorher jahrelang vergeblich beraten hatte. Die katholische Kirche in Deutschland bejubelte diesen Staats-Kirchen-Vertrag zwischen dem Vatikan und dem Deutschen Reich und erhoffte sich eine sichere Position unter der neuen Regierung. Lautet doch der 1. Artikel des Konkordats:
»Das Deutsche Reich gewährleistet die Freiheit des Bekenntnisses und die öffentlichen Ausübung der katholischen Religion.«

Für Hitler war dieser Vertrag ein großer außen- und innenpolitischer Erfolg. Alle sollten sehen, dass man zum nationalsozialistischen Staat Vertrauen haben konnte.

Mit brennender Sorge

Es dauerte nicht lange, da begann das Erwachen. Gerade beschlossen, wurde das Konkordat schon missachtet. Die Nationalsozialisten zeigten ihr wahres Gesicht: Die Kirche wurde aus der Öffentlichkeit verdrängt.

»Was soll eine katholische Tagespresse? Wir brauchen keine katholische und keine protestantische, wir brauchen ein deutsche Tagespresse«, hieß es 1935. Auch die kirchlichen Vereine seien *»geeignet, die deutsche Volksgemeinschaft zu stören«.* 1937 antwortete Papst Pius XI. mit einem päpstlichen Rundschreiben, der Enzyklika »Mit brennender Sorge«. Er warf darin der Regierung Vertragsbruch vor und sprach von *»Machenschaften, die von Anfang an kein anderes Ziel kannten als den Vernichtungskampf«.* Der NS-Staat bezeichnete die Verbreitung des Schreibens als *»hochverräterisch«.*

Viele Katholiken und Bischöfe gingen auf innere Distanz zum NS-Staat, meinten aber, dass sie aus Treue zum Volk und in den Nöten des nun beginnenden Krieges keinen Widerstand leisten durften. Wo dieser sich trotzdem regte, kam es zu Schauprozessen, in denen Geistliche und Ordensleute verurteilt wurden. Kirchliche Schulen wurden geschlossen. Erst 1942 und 1943 wagten es auch Bischöfe, wie z. B. Bischof Graf von Galen aus Münster, deutliche Worte gegen die so genannte Euthanasie, d. h. gegen die Tötung von Behinderten und Kranken zu sagen. Kardinal Faulhaber von München forderte 1943 die Beachtung der grundlegenden Rechte, nannte aber in seiner Predigt nicht die Jüdinnen und Juden, die in die Konzentrationslager deportiert und dort vernichtet wurden. Der Politikwissenschaftler Daniel Goldhagen, der sich kritisch mit dem Verhalten der Kirche in der NS-Zeit befasst hat, räumt ein, dass *»katholische Geistliche vermutlich mehr Juden versteckt haben als Vertreter jeder anderen Organisation. Aber das waren die guten Taten einer kleinen Minderheit.«*

- Warum kann ein Christ kein Nationalsozialist sein? Sammle Aussagen aus dem Nazigedankengut; du kannst dazu auch dein Geschichtsbuch zu Hilfe nehmen.
  Vergleiche solche Aussagen mit der Botschaft Jesu.
- Wie ist es zu erklären, dass sich kirchliche Würdenträger in öffentlichen Protesten vor allem für »Volksgenossen« und weniger für die jüdischen Mitbürger und Mitbürgerinnen eingesetzt haben?

Widerstehen

Es gab auch Widerstand in der Bevölkerung: stumme Verweigerung und Zeugnisse zivilen Mutes. Insgesamt bewahrten die Kirchen allein durch ihren Gottesglauben eine kritische Haltung des Misstrauens und der Ablehnung. Hitler kannte diese Gegenposition. In einem Tischgespräch sagte er am 8. Februar 1942:

»Der größte Volksschaden sind unsere Pfarrer beider Konfessionen. Ich kann ihnen die Antwort jetzt nicht geben, aber alles kommt in mein großes Notizbuch. Es wird der Augenblick kommen, da ich mit ihnen abrechne ohne langes Federlesen. Ich bin überzeugt, in zehn Jahren wird das ganz anders aussehen.«

Adolf Hitler

Die »Hyänen von Herzogenaurach«

Am 21. April 1941 veröffentlichte der nationalsozialistische Gauleiter und Innenminister Wagner einen Erlass: Einen Tag nach dem Geburtstag des Führers 1941 sollen alle Kruzifixe aus öffentlichen Einrichtungen, in erster Linie aus Schulen, entfernt werden. Wie an den meisten Schulen war der damalige Rektor Schleh Mitglied der NSDAP; er verbot das Schulgebet und kündigte die Entfernung der Kreuze an. Einige Mütter erfuhren davon. Von Mund zu Mund ging die Nachricht. Herzogenauracher Frauen beschlossen noch in der Nacht, am Morgen nach dem Frühgottesdienst gegen diese Maßnahmen zu protestieren. Lautstark zogen sie vor das Mädchenschulhaus und bedrängten den Rektor »wie Hyänen«, so eine heute noch lebende Augenzeugin. In seiner

Not ließ er die Polizei rufen. Inzwischen hatte sich die Nachricht von der »Demonstration« im Städtchen wie ein Lauffeuer verbreitet. Die Menge zog mit dem verunsicherten Schulrektor samt Polizei zum Rathaus. Die Frauen erhofften sich vom Bürgermeister oder Ortsgruppenleiter eine Entscheidung. Den ganzen Tag kam es zu lautstarken und erregten Auseinandersetzungen im Rathaus. Die Männer waren zur Arbeit oder im Krieg. Hans Probst jedoch hatte Fronturlaub. Er packte den eingeschüchterten Schulleiter am Kragen und schrie: »Hör dir mal an, wie die Landser im Schützengraben nach dem Herrgott rufen und im Gebet ihre letzte Zuflucht finden.«
Am Tag darauf erschien die Gestapo und verhörte die Beteiligten. Schule und Stadt wurden in den folgenden Wochen überwacht, die Untersuchung brachte jedoch kein Ergebnis. Im Monatsbericht an die Ministerien in Berlin ist zu lesen: »Die Bevölkerung ist z. T. wegen der Maßnahmen auf religiösem Gebiet stark beunruhigt. In Herzogenaurach entlud sich am 11. Juli die Missstimmung in Demonstrationen vor dem Rathaus. Äußerlich herrscht zwar jetzt überall wieder Ruhe, die innere Erregung hält aber an.«
Die Kreuze blieben schließlich noch bis zu den Sommerferien in den Klassenzimmern und wurden dann in den Ferien heimlich und leise durch das Bild des »GRÖFAZ« (Hitler als »Größter Feldherr aller Zeiten«) ersetzt. Die »Beunruhigung« unter der Bevölkerung auch an vielen anderen Orten über den Kreuzeserlass von 1941 war so groß, dass Innenminister Wagner seine Verfügung durch einen so genannten »Stopp-Erlass« schon am 21. August 1941 zurücknehmen musste.

● An mehreren Orten gab es Vorfälle wie in Herzogenaurach. Erkundigt euch über Widerstand gegenüber der Nazidiktatur in eurer Heimat: sammelt Dokumente. Vielleicht findet ihr heute noch lebende Zeitzeugen, die euch berichten können.

Mutige Menschen leisteten Widerstand

Nur wenige einzelne Katholiken wagten es Widerstand zu leisten. Zu ihnen zählte der Berliner Domprobst Bernhard Lichtenberg, der nach der Pogromnacht am 9.11.1938, in der die Nazis die Synagogen anzündeten, seine Stimme erhob: »Was gestern war, wissen wir, was morgen ist, wissen wir nicht, aber was heute geschehen ist, das haben wir erlebt: Draußen brennt der Tempel – und das ist ein Gotteshaus.« Von diesem Abend an fügte er den Fürbitten seines täglichen Abendgebetes in der Berliner Kathedrale die Bitte für die verfolgten Juden und die »nichtarischen« Christen hinzu.
Die Gestapo verhaftete ihn; er starb am 5.11.1943 auf dem Weg ins KZ Dachau. Bernhard Lichtenberg wurde 1996 selig gesprochen.

Ein anderes Beispiel für Mut und Treue zum Glauben ist der österreichische Bauer und Mesner Franz Jägerstätter. Dieser einfache Mann entschloss sich, den Wehrdienst zu verweigern, obwohl er wusste, dass er damit sein Leben riskierte. In einem Brief aus dem Gefängnis an seinen Heimatpfarrer in St. Radegund schrieb er, dass ihn niemand von dem freisprechen könne, »was ich mir bei diesem Verein an Seelengefahr zuziehen würde. So kann ich halt meinen Entschluss, wie Sie ja wissen, nicht ändern. Es heißt zwar immer, man solle das nicht tun wie ich, wegen Lebensgefahr. Ich bin aber der Ansicht, dass auch die anderen, die da mitkämpfen, nicht ganz außer Lebensgefahr sind. Bei denen in Stalingrad sollen, wie man sagt, auch vier bis fünf Radegunder drunter sein. Was werden diese Armen mitgemacht haben an Seele und Leib? Möge Gott all diese Leiden im Jenseits belohnen ... Wenn auch bei diesem furchtbaren Verein vieles erlaubt ist, so glaub' ich, ist es dennoch besser, lieber gleich das Leben zu opfern, als zuerst noch ... zu sündigen und dann erst sterben!«
Am 9. August 1943 war Franz Jägerstätter einer von 16 Todeskandidaten, die im Zuchthaus Brandenburg im Zwei-Minuten-Takt hingerichtet wurden.

Der evangelische Pastor Dietrich Bonhoeffer war Mitglied der »Bekennenden Kirche«, die Widerstand gegen die NS-Diktatur leistete. Sie lehnte es ab, sich wie die »Deutschen Christen« unter den mit »Herrschaftsansprüchen ausgestatteten Führer« zu stellen. Dietrich Bonhoeffer versuchte im Ausland Rückhalt für den Widerstand gegen Hitler zu finden. Er wurde von der Gestapo verhaftet. Als ihn ein Mitgefangener fragte, wie er es als Christ verantworten könnte, am Widerstand gegen Hitler teilzunehmen, sagte er: »Es kann nicht reichen, als Pfarrer die Opfer eines wahnsinnigen Autofahrers zu beerdigen und Angehörige zu trösten; wichtiger ist es, dem betrunkenen Fahrer das Steuerrad zu entreißen.« Ohne Gerichtsurteil wurde er kurz vor Kriegsende 1945 im KZ Flossenbürg hingerichtet. Bonhoeffer wusste, was ihm bevorstand. In Gestapo-Haft schrieb er den Text des Liedes »Von guten Mächten wunderbar geborgen«.

• Was weißt du über die Pogromnacht (auch Reichskristallnacht genannt) vom 9./10. November 1938?
Gab es in deiner Heimat auch Ausschreitungen gegenüber Jüdinnen und Juden?
Wenn ja, existieren Dokumente? Gibt es noch lebende Zeugen (Großeltern), die berichten können?

Neue Wege – sprechende Gebäude

Das II. Vatikanische Konzil

Papst Johannes XXIII. berief am 25. Januar 1959 ein ökumenisches Konzil* ein. Nicht der Papst allein wollte über die wichtigen Fragen der Kirche* entscheiden, sondern die Bischöfe aus aller Welt sollten zusammenkommen und über den Weg der Kirche in die Zukunft beraten.

Das Anliegen von Papst Johannes XXIII. war es, dass die Kirche sich der modernen Welt nicht verschließt: Er sah im Konzil ein geöffnetes Fenster, durch das der »frische Wind der Welt« in die Kirche hineinblasen sollte.

Das Konzil fand zwischen 1962 und 1965 statt. Es verabschiedete 16 Dokumente, die das Leben innerhalb der Kirche, ihr Selbstverständnis und das Verhältnis der Kirche zur Welt behandeln. 1963, während des Konzils, starb Johannes XXIII. Sein Nachfolger Papst Paul VI. schloss 1965 das Konzil mit den Worten:

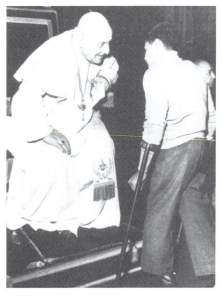

Johannes XXIII. bewirtet an Silvester kranke Kinder.

»An euch, Jungen und Mädchen in der ganzen Welt, richtet das Konzil die Botschaft ... Im Namen Gottes und seines Sohnes Jesus ermahnen wir euch, eure Herzen zu öffnen, den Ruf eurer Brüder zu verstehen und ihnen kühn eure jungen Energien zur Verfügung zu stellen. Kämpft gegen jede Selbstsucht. Versagt euch allen Gewalt- und Hassinstinkten, die Kriege und ihre furchtbaren Folgen verschulden. Seid großherzig, rein, respektvoll und aufrichtig. Schafft mit Begeisterung eine bessere Welt als die eurer Vorfahren.«

In den folgenden Jahrzehnten fand in Deutschland eine ähnliche Versammlung statt: Die Synode der Bistümer in der Bundesrepublik Deutschland. Sie tagte von 1971 bis 1975 in Würzburg. 316 Vertreter aus allen Diözesen – Bischöfe, Priester, Laien* – wurden entsandt, um die Anliegen des II. Vatikanischen Konzils umzusetzen. In den Pfarreien wurden Pfarrgemeinderäte eingerichtet; sie beraten und entscheiden über die Anliegen und Aufgaben der Gemeinde. Jugendliche können sich an der Wahl beteiligen (aktives Wahlrecht), ab 16 Jahren können sie sich wählen lassen (passives Wahlrecht). Auch in vielen Diözesen gibt es Synoden oder Pastoralgespräche, in denen in einer Diözese die Katholiken zusammenkommen und über die Zukunft der Kirche beraten.

Eine der sichtbarsten Erneuerungen des Konzils zeigt sich im Gottesdienst. Wurde früher die Heilige Messe in lateinischer Sprache gelesen, so wird sie nun in der jeweiligen Landessprache gefeiert: Die Menschen sollen den Glauben leichter verstehen und sich am Leben der Kirche stärker beteiligen.

»Die Kirche ist ja in Christus gleichsam das Sakrament*, das heißt Zeichen und Werkzeug für die innigste Vereinigung mit Gott wie für die Einheit der ganzen Menschheit. Der Geist wohnt in der Kirche und in den Herzen der Gläubigen, in ihnen betet er und bezeugt ihre Annahme an Sohnes statt.
So erscheint die ganze Kirche als das von der Einheit des Vaters und des Sohnes und des Heiligen Geistes her geeinte Volk.
Die irdische Kirche und die mit himmlischen Gaben beschenkte Kirche sind nicht als zwei verschiedene Größen zu betrachten, sondern bilden eine einzige komplexe Wirklichkeit, die aus menschlichen und göttlichen Elementen zusammenwächst.«

II. Vatikanisches Konzil,
aus der Konstitution über die Kirche

Sprache in Wort und Stein

Neu war auch das Verständnis des Gottesdienstes. Sprach man zuvor vom »Messehalten« oder »Messe-lesen«, so griff man jetzt die ältere Bezeichnung »Eucharistie*« (Danksagung) wieder auf, die den Gemeinschaftscharakter des Gottesdienstes betont. Seit dem II. Vatikanischen Konzil wurde nun wieder ins Bewusstsein gerückt, dass die Gemeinde selbst das Haus Gottes ist.

Die Kirche, das sind in erster Linie die Menschen, die zu ihr gehören, und in der zweiten Bedeutung ist es das Gebäude, in dem sich diese versammeln.

Aufgrund dieses neuen Verständnisses veränderte sich auch der Kirchenraum selbst. Früher wurde der Wegcharakter der Kirchen durch lang gestreckte Bauten betont. Dabei gab es oft nur einen Hauptaltar, an dem der Priester – mit dem Rücken zur Gemeinde – die »Messe las«.

Nun rückte man den Altar stärker in den Kirchen-raum, gestaltete ihn als Tisch und betonte so das gemeinsame Mahl. Durch diese Form wurde es dem Priester nun möglich, direkt zur Gemeinde zu spre-chen. Man wollte durch den modernen Kirchenbau den Gemeinschaftscharakter darstellen. Alle sollen sich um den Altar versammeln.

In neuen Kirchenbauten wird verdeutlicht, dass sich die Pfarrgemeinde als Kirche am Ort versteht und gemeinsam Gottesdienst feiert.

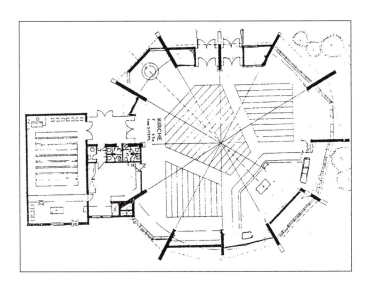

St. Norbert, Höchberg

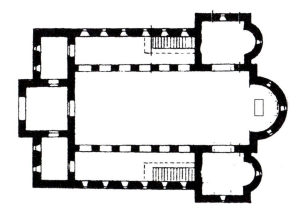

Einhardsbasilika, Steinbach im Odenwald

- Denke über die Wirkung der abgebildeten Kirchenräume auf den Priester und auf die Gemeinde nach!
- Erkundet verschiedene Kirchen in eurer Nähe!
  Welches Gemeindeverständnis wird in ihren Grundrissen deutlich?
- Wie soll ein Kirchenraum eurer Meinung nach aussehen? Gestaltet eure Ideen!

MOBS – da bin ich Mensch

In der Gemeinde Heilig Kreuz in Erlangen gibt es seit dem ersten Advent 1995 das Sozialprojekt MOBS. MOBS steht für **M**obile **O**bdachlosen und **B**edürftigen **S**peisung. Getragen wird dieses Sozialprojekt von Jugendlichen und jungen Erwachsenen, die jedes Wochenende aus Lebensmittelspenden eine warme Mahlzeit für Obdachlose und Bedürftige zubereiten. Das Essen wird in der Straßenambulanz verteilt, einer Wohnung, in der sich die Obdachlosen und Bedürftigen tagsüber aufhalten können. Hier gibt es für sie die Möglichkeit sich aufzuwärmen, ihre Wäsche zu waschen, eine Tagesadresse zu haben, die Zeitung zu lesen, miteinander zu spielen, sich über Unterstützungsangebote (z. B. der Stadt oder der Kirchen) zu informieren und ins Gespräch zu kommen. Hier treffen sich nun regelmäßig Menschen, die auf der Straße leben, Alkoholkranke, drogenabhängige Jugendliche und Menschen, deren Existenz durch Scheidung, Arbeitslosigkeit, Einsamkeit und Sucht in erschreckend kurzer Zeit völlig zerstört wurde.

In der ersten Zeit der MOBS-Arbeit stand für die Teammitglieder die warme Mahlzeit im Vordergrund. Das gemeinsame Essen antwortete zum einen auf die gesundheitliche und finanzielle Situation der Bedürf-

Ich bin auf die Idee von MOBS in Wien gekommen, dort habe ich ein Jahr in einer Obdachlosenhilfe mitgearbeitet. Ich wollte hier in unserer Gemeinde ein Sozialprojekt ins Leben rufen, das uns über den Tellerrand unserer eigenen Pfarrgemeinde hinausschauen lässt!

Bruder Christian Vogel, 30 Jahre

Ich mache bei MOBS mit, weil ich es gut finde, Nächstenliebe ganz konkret zu leben. Es ist etwas anderes, ob ich nur anonym Geld für eine karitative Einrichtung spende oder ob ich mir Zeit nehme, um anderen Menschen mit ihren Sorgen zu begegnen.

Cindy, 18 Jahre

Ich mache bei MOBS mit, weil ich es gut finde, sich für Bedürftige zu engagieren. Wirklich einmal zu sehen, dass es Notleidende auch hier in unserer Stadt gibt.

Claudia, 17 Jahre

Auch wenn der Dienst bei MOBS anstrengend ist, fahre ich jedes Mal mit dem Gefühl nach Hause, dass ich unendlich reich bin, denn ich habe ein Wohnung, einen Beruf und Freunde. Durch die Mitarbeit bei MOBS bin ich dankbarer geworden.

Christoph, 33 Jahre

Ich komme gern hierhin. Hier kann ich einfach Mensch sein, für die Leute hier bin ich nicht der Penner, der auf der Straße lebt. Mir hilft es einfach, wenn ich hier schlafen kann.

Ein Gast bei MOBS, genannt Opa

Ich bekomme hier, was ich brauche. Ich bin arbeitslos, oft habe ich kein Geld für Essen, ich kann auch meine Wäsche nicht waschen und so finde ich es toll, was die jungen Leute hier für uns tun.

Ein weiterer Gast bei MOBS, Fleischer genannt

tigen. Zum anderen ist die warme Mahlzeit, mit anderen zusammen gegessen, auch ein Stück Normalität, das den Bedürftigen in ihrem Alltag auf der Straße oder in den zugewiesenen Wohnungen fehlt. Schnell wurde dem MOBS-Team bewusst, dass das eigentlich Kostbare, das die ehrenamtlichen Mitarbeiterinnen und Mitarbeiter neben der Mahlzeit geben können, ihre Zeit ist. Zeit für Gespräche über die Situation der einzelnen Bedürftigen, Zeit für Gespräche über Gott und die Welt und auch Zeit zum gemeinsamen Schweigen.

»Amen, ich sage euch,

was ihr für einen dieser Geringsten

getan habt,

das habt ihr mir getan.«

Mt 25,40

Herr, lass uns hier nicht mit Worten um uns schlagen.
Rühre unsere Herzen an.
Lass uns nicht zu viel für uns bitten.
Solange wir noch Schuhe an den Füßen haben, lass uns für Menschen bitten, die keine Füße haben.
Und wache darüber, dass wir alles mit denen teilen, die nichts haben.
Sei du das Brot der Menschen, die nichts haben.
Sei du mit denen, die alles haben:
dicke Autos, schöne Häuser und viel Geld.
Sei mit denen, die Hunger haben,
und mit denen, die halbe Teller voll Essen wegschieben.
Segne uns und unsere Schwestern und Brüder.
Amen.

Aus Afrika

- Auch in eurer Nähe gibt es Menschen, die Hilfe und Unterstützung brauchen. Informiert euch über Hilfsangebote der Kirche oder eurer eigenen Pfarrgemeinde, z. B. bei der Caritas. Bedenkt, wie man dort versucht, dem Anspruch des Evangeliums gerecht zu werden.
- Überlegt, wie ihr im Rahmen eines Projektes eine karitative Einrichtung unterstützen könnt.

Wie sich die Kirche organisiert

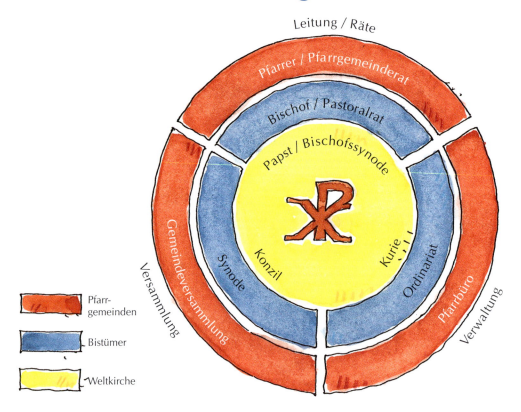

Leitung / Räte

Pfarrer / Pfarrgemeinderat

Bischof / Pastoralrat

Papst / Bischofssynode

Konzil

Kurie

Ordinariat

Synode

Gemeindeversammlung

Versammlung

Pfarrbüro

Verwaltung

Pfarr-gemeinden

Bistümer

Weltkirche

Die kleinste organisatorische Einheit der Kirche ist die *Pfarrgemeinde*. Sie wird meist vom Pfarrer geleitet. Manchmal stehen ihm ein Kaplan, ein Diakon, ein/e Pastoralreferent/in oder ein/e Gemeindereferent/in zur Seite. Mesner/in und Organist/in gehören häufig auch zu den hauptberuflichen Mitarbeitern. Manchmal verfügen die Gemeinden über einen eigenen Kindergarten oder eine Sozialstation.

In einer lebendigen Gemeinde sind außer den hauptberuflichen vor allem zahlreiche ehrenamtliche Mitarbeiterinnen und Mitarbeiter tätig. Der *Pfarrgemeinderat* ordnet die verschiedenen Aktivitäten in der Gemeinde einander zu und berät den Pfarrer in Fragen der Seelsorge, die *Kirchenverwaltung* befasst sich mit der Vermögensverwaltung und den Finanzen der Gemeinde.

Sichtbarer Mittelpunkt der Gemeinde ist die Pfarrkirche. Andere Gebäude und Räume (Pfarrzentrum, Jugendheim, Kindergarten usw.) machen deutlich, dass in der Gemeinde Jesu Christi nicht nur der Gottesdienst wichtig ist.

Mehrere Pfarreien sind zu einem Dekanat zusammengeschlossen, das von einem Dekan geleitet wird. Doch die älteste und wichtigste Einheit der katholischen Kirche ist das von einem Bischof geleitete *Bistum*. Die bischöfliche Behörde zur Leitung des Bistums heißt Ordinariat. Es untersteht dem Generalvikar.

Die Bischöfe eines Landes sind in der *Bischofskonferenz* vereinigt.

An der Spitze aller Bischöfe steht der Bischof von Rom, der *Papst*. Er ist als Nachfolger des heiligen Petrus das sichtbare Oberhaupt der gesamten Kirche. Er wird unterstützt von der römischen *Kurie*, die alle Aufgaben der gesamtkirchlichen Verwaltung wahrnimmt. Etwa alle drei Jahre tritt in Rom die *Bischofssynode* zusammen. Sie ist eine Versammlung von gewählten Vertretern der Bischofskonferenzen und berät den Papst bei der Leitung der Kirche.

Manchmal ruft der Papst die Bischöfe zu einem *Konzil** zusammen, das über wichtige Fragen des Glaubens berät und entscheidet.

Kirchensteuer

Je nach Bundesland in Deutschland beträgt die Kirchensteuer zwischen acht und zehn Prozent der Lohn- und Einkommenssteuer: Wer mehr verdient, zahlt mehr, wer weniger verdient, zahlt weniger. Die Kirchensteuer ermöglicht der Kirche, Gottesdienste, Seelsorge und Jugendarbeit anzubieten und sich in vielfältiger Weise um Menschen zu kümmern, die Begleitung und Beratung brauchen. Kindergärten und Kinderkrippen, Krankenhäuser, Altenheime und Jugendhäuser, Arbeitslosenprojekte, Bahnhofsmissionen, Obdachlosenarbeit, Telefonseelsorge, Ehe- und Familienberatung usw. kosten die Kirche jährlich viele Millionen Euro.

Wenn Staat und Kommunen diese Leistungen für die Gemeinschaft selbst erbringen wollten, müssten sie höhere Steuern einnehmen.

40 Prozent aller Kirchenmitglieder zahlen Kirchensteuer. Wer keine oder nur geringe Einkünfte bezieht – Rentner, Arbeitslose, Sozialhilfeempfänger und Kinder –, braucht keinen Beitrag an die Kirche abzuführen.

Die heutige Kirchensteuer ist eine Nachwirkung der Säkularisation: 1803 wurde kirchliches Eigentum durch den Staat enteignet. Die Kirchengüter gingen in Staatsbesitz über.

Gleichzeitig wuchsen die Aufgaben der Kirche. Die Bevölkerungszahl stieg enorm und neue Gemeinden entstanden. Die Not der Arbeiter erforderte den Ausbau der caritativen und sozialen Einrichtungen. So führten die deutschen Staaten zwischen 1827 und 1905 die Kirchensteuer ein.

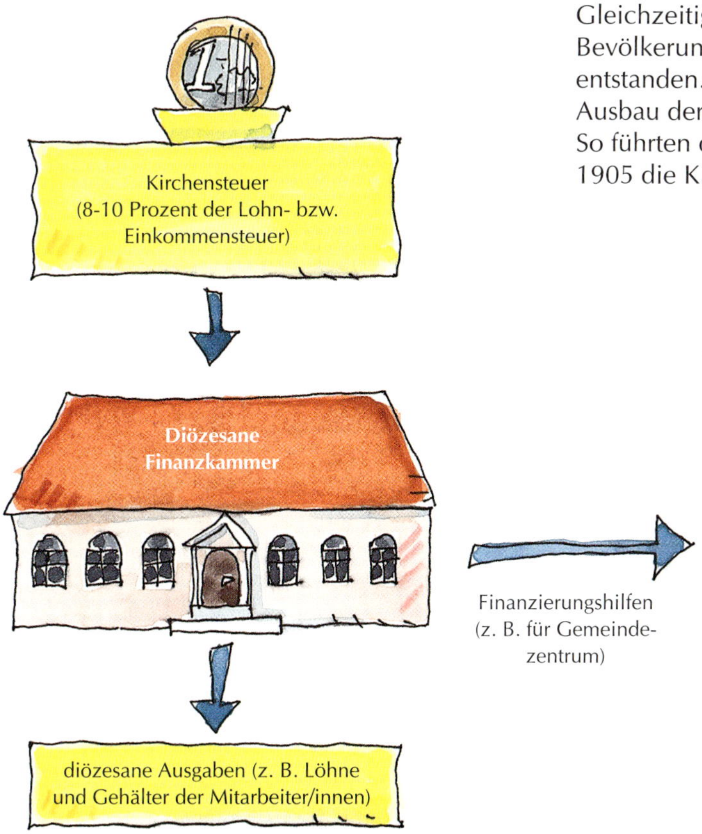

Kirchensteuer
(8-10 Prozent der Lohn- bzw. Einkommensteuer)

Diözesane Finanzkammer

diözesane Ausgaben (z. B. Löhne und Gehälter der Mitarbeiter/innen)

Finanzierungshilfen (z. B. für Gemeindezentrum)

Pfarrgemeinde

Spenden, Gebühren

zweckgebundene Spenden

- Die Pressestelle eurer Diözese schickt euch auf Anfrage gerne den Haushaltsplan zu. Die Adresse bekommt ihr bei eurer Pfarrei. Vergleicht Einnahmen und Ausgaben.
- Suche an deinem Ort Einrichtungen der katholischen und evangelischen Kirche, die der Allgemeinheit dienen. Welche besonderen Aufgaben nehmen sie wahr?
- Erkundige dich, wie die Frage der Kirchensteuer in anderen europäischen Ländern geregelt ist. Diskutiert die Vor- und Nachteile.

Mit dem Ausdruck tiefsten Bedauerns und mit Zustimmung meiner Gemeinde gebe ich den Tod der

Kirche

zu Yonderton

bekannt.

Herbert Wright
Pfarrer zu Yonderton

Die Trauerfeier findet am Sonntag um 11 Uhr statt.

Totgesagte leben länger!

Diese Anzeige löste in der kleinen Stadt Yonderton heftige Diskussionen aus. Was dann geschah, darüber berichtet ein Reporter:

An diesem Sonntag war die Kirche von Yonderton bereits um 10.30 Uhr bis auf den letzten Platz besetzt. Das war schon seit Jahren nicht mehr der Fall gewesen. Um 11 Uhr bestieg Pfarrer Miller die Kanzel: »Meine Freunde, unsere Kirche ist tot. Ob wir sie wiederbeleben können? Es besteht kaum Hoffnung. Wir wollen von der Toten Abschied nehmen und dann die Kirche verlassen.«

Alle Augen waren auf den Sarg gerichtet, der mitten in der Kirche vor dem Altar stand.

Der Pfarrer sprach weiter: »Sollte nach der Trauerfeier doch wieder jemand in die Kirche hereinkommen, dann – ja, dann würde ich statt der Trauerfeier einen Dankgottesdienst halten.«

Der Pfarrer trat an den Sarg und öffnete ihn. Einer der letzten, die daran vorbeigingen, war ich. So hatte ich Zeit, darüber nachzudenken: Was ist eigentlich die Kirche? Wer würde wohl in dem Sarg liegen ? – Ich bemerkte auch, dass viele Leute wieder in die Kirche hereinkamen.

Aber nun war es soweit, dass ich die tote Kirche sehen sollte. Unwillkürlich schloss ich die Augen, als ich mich über den Sarg beugte.

Als ich die Augen wieder öffnete, sah ich mich selbst – im Spiegel.

Aus einem Fragebogen an Jugendliche

① Wie erlebst du die Kirche an deinem Heimatort?

② Was ist dir wichtig an der Kirche?

③ Welche Aufgabe hat deiner Ansicht nach die Kirche in der heutigen Zeit?

④ Was sollte die Kirche in den kommenden Jahren ändern?

⑤ Wo und wie kannst du dich in deiner Pfarrei engagieren?

Öffentlichkeitsarbeit

Stell dir vor:
Du gehörst zu einem Team, das Plakate entwerfen will, um über die Kirche zu informieren.
Worauf machst du aufmerksam?
Was ist dir besonders wichtig?

Bekenntnisse eines Kirchenliebhabers

Christliche Kirchen sind besser als ihr Ruf.
Sie haben Stärken, die auch durch notorische Schwächen nicht zerstörbar sind:
– Sie halten uns den Himmel offen.
– Sie sind »gottvoll«.
– Sie bilden ein Dach über der Seele.
– Sie ermutigen zu wahrer Freiheit.
– Sie fördern in den Menschen belastbare Solidarität.
– Sie weiten das Bewusstsein, den Lebensraum und die Lebenszeit.

Paul M. Zulehner

Ich liebe
die Kirche,
auch wenn sie

Projekt:
Lebensraum Kirche

Du kennst sicher viele Räume, in denen sich Menschen aufhalten:
Räume, in denen sie sich wohl fühlen,
Räume, die wie ein Gefängnis sind,
Räume, in denen sie bestimmte Erinnerungen haben,
Räume, die mit Arbeit verbunden sind,
Räume, in denen sie immer bleiben möchten,
Räume, die ihnen Angst machen,
Räume, in denen sie sich sicher fühlen,
Räume, die ihnen heilig sind,
Räume, in ...
Räume, die ...

Es gibt viele Gründe dafür, wie sich Menschen im jeweiligen Raum fühlen. Manchen gefallen einfach die Farbe und das Licht, anderen gefallen die Bilder und Möbel, wieder anderen die Fläche und die Höhe, wieder anderen ganz einfach die Atmosphäre eines Raumes.
Kirchen waren und sind seit Jahrhunderten ganz besondere Räume. Zu allen Zeiten haben die Menschen Kirchenräume gebaut. In ihnen drücken sich das Lebensgefühl und der Glaube der Menschen aus. Dieses Projekt lädt dich ein, der Atmosphäre und dem Zauber dieser Räume nachzuspüren und sie als Anregung für dich und dein Leben wahrzunehmen.

Ein eigenes Kirchenmodell bauen

Vielleicht gibt es kreative Tüftler unter euch. Ihr könnt die Kirche, die ihr besucht habt, in einem Modell nachbauen. In unterschiedlichen Gruppen könnt ihr euch Schwerpunkte setzen, z. B. Modell des Kirchenäußeren, Modell des Kircheninnenraumes usw. Ihr könnt auch eure eigene Traumkirche in einem Modell bauen!

Sitzordnung und Gesprächsmöglichkeiten

Sicherlich habt ihr in eurer Klasse auch schon einige Male die Sitzordnung geändert. Nicht jede Sitzordnung wirkt sich auf den Unterricht oder auf Gespräche in gleicher Weise aus. Unten seht ihr unterschiedliche Sitzordnungen. Diskutiert, bei welcher der drei Möglichkeiten Partner-, Gruppen- oder Plenums-gespräche am besten möglich sind.

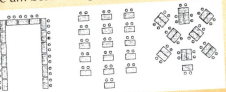

Ein Stück von dir

Wenn du in ein Haus oder ein Zimmer kommst, kannst du manches über die Person erfahren, die dort wohnt. Ein Bücherregal lässt vermuten, dass jemand in der Familie gern liest. Was können andere über dich erfahren, wenn sie dein Zimmer betreten? Fertige eine Skizze deines Zimmers an und zeichne vor allem die Gegenstände, die dir besonders wichtig sind! Tausche dich mit deinen Mitschülerinnen und Mitschülern über eure Zimmer aus, lasst dazu eure Zeichnungen sprechen!

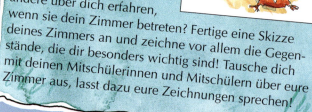

Gotteshäuser anderer Religionen besuchen

In jeder Religion gibt es Gottes-häuser. Ihre Gestaltung gibt Einblicke in die Gottesvorstel-lungen und das Brauchtum der jeweiligen Religion. Falls es keine Moschee, Synagoge oder keinen Tempel in eurer Umgebung gibt, die ihr besuchen könnt, dann vergleicht Fotos dieser Gotteshäuser!

Den Kunstunterricht einbeziehen ...

Interessant ist es auch, die Kirchenerkundung mit dem Kunstunterricht zu verbinden. So kann euch euer Kunstlehrer sicherlich über Malstile, Epochen oder die Farbsymbolik informieren, damit ihr z. B. Gemälde inner-halb einer Kirche verstehen lernt.

»Ich habe jetzt im August das erste Mal in meinem Leben in meiner Breslauer Heimat die heilige Eucharistie gefeiert – in der Kirche, in der ich immerhin die ersten neun Jahre meines Lebens jeden Sonntag zur Messe gegangen bin. Ich habe mich einmal dort in die Kirchenbank gesetzt und mich gefragt: ›Welcher gelungenen Predigt erinnerst du dich eigentlich noch?‹ – Ich konnte mich keiner einzigen erinnern! Aber ich hätte Ihnen jedes einzelne Bild mit geschlossenen Augen detailliert beschreiben können. Das heißt: Der Kirchenraum prägt tiefer und unauffälliger das Glaubensbewusstsein einer Gemeinde als das Wort der Verkündigung. Deswegen halte ich es für eine ungeheure seelsorgerische Verantwortung, einen Kirchenraum zu gestalten.«

Erinnere dich (z. B. mit Hilfe einer Fantasiereise) an die Kirche deiner Kindheit. Bringe deine Erfahrungen in Zusammenhang mit den Beobachtungen von Kardinal Joachim Meisner. Im Kirchenbau drückt sich das Gemeindeverständnis der Zeit aus, in der die Kirche erbaut wurde. Dies kannst du z. B. an der Anordnung der Bänke und des Altares sehen. Damit könnt ihr euch mit Hilfe der Grundrisse 🔵107 auseinander setzen. Noch interessanter ist es, eine Kirche in eurer Umgebung selbst zu besuchen und vor Ort das Gemeindeverständnis zu erkunden! Im Lexikon findest du Erklärungen zu den unterschiedlichen Bau-Epochen und ihren Grundideen (Barock*, Gotik*, Romanik*).

Dein Lieblingsbild finden

Von den Bildern in einer Kirche sprechen dich manche an und gefallen dir, andere gar nicht. Ergründe mit anderen, woher das kommt.

Die Umgebung einbeziehen

Die Kirche steht nicht einfach so da, sondern auf irgendeine Weise in Beziehung mit ihrer Umgebung. Achte auf das Äußere der Kirche, ihre Gesamtanlage, die Fassadengestaltung und die Türme, den Vorplatz.

Sich ergehen und einen Lieblingsplatz suchen

Beim Abschreiten des Weges vom Eingang der Kirche zum Altar verändert sich deine Perspektive. Beschreibe die Veränderungen und vergleiche sie mit den Eindrücken der anderen. Du kannst auch ausprobieren, wie du dich an verschiedenen Plätzen in der Kirche fühlst. Bleibe ein wenig an deinem Lieblingsplatz und spüre dem Gefühl nach.

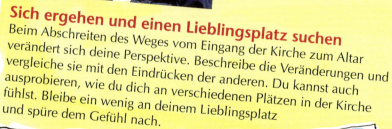

Eure Arbeitsaufträge selbst bestimmen ...

Wie ihr auf den Fotos seht, hat eine 9. Klasse eine Kirche erkundet. Für eure eigene Erkundung könnt ihr einige der Arbeitsaufträge übernehmen. Es fallen euch sicher eigene Ideen und Aufgaben auf, wenn ihr erst einmal in einer Kirche seid und die Besonderheiten dieses Gebäudes betrachtet.

Allerheiligen, Allerseelen

Am 1. November feiert die Kirche das Fest Allerheiligen, am 2. November das Fest Allerseelen. Das Gedächtnis aller Heiligen ist von Papst Gregor IV. im 9. Jahrhundert für die ganze Kirche vorgeschrieben worden. Gefeiert werden an diesem Tag alle Heiligen, besonders auch die, die nicht offiziell zum Kreis der Heiligen gehören, jedoch durch ihr heiligmäßiges Leben Vorbild wurden. Hier sollte man auch bedenken, dass der Apostel Paulus alle Christen »Heilige« nennt. Es soll an diesem Tag auch an die Verbundenheit der Lebenden mit den Toten gedacht werden. Bereits am Nachmittag des 1. November gehen die Angehörigen auf den Friedhof, um ihre Toten zu besuchen und am Grab zu beten. Seit dem Mittelalter ist es Brauch, nachts eine Kerze oder eine Laterne brennen zu lassen. Die Gräber werden in Ordnung gebracht und mit Blumen, Zweigen, Kränzen und Lichtern geschmückt.

Atheismus

Vom griech. Wort »átheos«, d. h. ohne Gott; man meint damit die Haltung, dass die Existenz Gottes ausdrücklich abgelehnt wird. Dies setzt eine Auseinandersetzung mit der Frage nach seiner Existenz und dem Glauben an einen Gott voraus. Heute ist eine Haltung der völligen Gleichgültigkeit verbreitet. Man lebt, als ob es Gott nicht gebe. Für den Atheismus gibt es verschiedene Gründe: Z. B. soll nur gelten, was naturwissenschaftlich begründet werden kann, oder es wird behauptet, dass Freiheit und Würde der Menschen durch einen übergeordneten Gott eingeschränkt würden oder dass das Leid in der Welt mit der Existenz eines gütigen Gottes nicht vereinbar sei.

Auschwitz

Südpolnische Stadt (43 000 Einwohner) in der Nähe von Krakau, in deren Nähe die Nationalsozialisten das größte Konzentrationslager, Auschwitz-Birkenau, mit 39 Außen- und Nebenlagern errichteten. Auschwitz war Vernichtungs- und Arbeitslager mit Gaskammern, Waffenfabriken und Industrieproduktion. Dort wurden ca. 2,5 Millionen Menschen, v. a. Juden, Sinti und Roma, auch Polen und Russen, systematisch ausgehungert, gefoltert und ermordet. In den Gaskammern starben bis zu 12 000 Menschen pro Tag. Über 500 000 Menschen starben an Krankheit, Hunger und Erschöpfung. Heute ist das Lagergelände eine Mahn- und Gedenkstätte.

Barock

Wer eine Barockkirche betritt, hat den Eindruck, als komme er in einen festlich geschmückten Saal. Ein Kennzeichen für barocke Kirchen (1650-1775) sind die reich verzierten Bilder, Figuren und Farben (ital. *barocco:* unregelmäßig, schief, d. h. überladen). Auch oben unter der Decke wurden große Malereien aufgebracht. Sie weisen auf die Freude am Leben hin, aber auch auf die Nähe des Todes. In den Barockkirchen zeigt sich, wie die Menschen das Leben verstanden: als Fest der Erlösten, die sich hier schon freuen auf das Leben bei Gott. Auch alte → romanische und → gotische Kirchen wurden später mit barocken Gemälden, Figuren und Altären ausgestattet. Deshalb findest du heute in vielen Kirchen die Kennzeichen mehrerer Stile.

Bartholomé de Las Casas

Bartholomé de Las Casas (geb. 1484 in Sevilla/Spanien) erlebte die Rückkehr des Kolumbus von seinen Entdeckungsreisen. Der 19-Jährige sah die fantastische Fracht: sieben Indianer mit Federschmuck, Masken und Gürteln aus reinem Gold, Edelsteine, einen

Prächtiger Innenraum der Wieskirche → Barock.

Papagei sowie »eine Kugel, die von selber wieder hochspringt, wenn man sie fallen lässt« – den ersten Gummiball, der nach Europa kam. Nach seinem Studium zog es ihn 1502 in die Neue Welt. 1506 ließ er sich zum Priester weihen. Er lernte mehr als ein Dutzend Indianersprachen. Zunächst verhielt er sich wie alle Eroberer; als Beute wurde ihm eine Gruben- und Plantagenwirtschaft zugeteilt. Daran war er mehr als an der christlichen Lehre interessiert.

Doch er wandelte sich und trat für die Rechte der Indianer ein. Er kämpfte gegen die Versklavung der Eingeborenen und forderte Gesetze zu ihrem Schutz. 1522 trat er in den Orden der Dominikaner ein. 1542 konnte er bei Kaiser Karl V. endlich die Gesetze erwirken und sorgte als Bischof von Chiapas/Mexiko für ihre Durchsetzung. Er schrieb einen Bericht von der »Verwüstung der Westindischen Länder«, darin prangerte er die Habgier der Eroberer an. »Sie vergießen eine unermessliche Menge Blut für ein Nichts. Sie rotten Millionen Menschen aus und berauben Länder ihrer Bevölkerung«. Seine Gegner zwangen ihn 1547 zur Rückkehr nach Spanien; dort starb er 1566 im Alter von 82 Jahren. Auf seinem Schreibtisch lag ein Brief an den Papst mit dem Vorschlag, in Südamerika nur solche Bischöfe zuzulassen, die die Sprache der Indios beherrschen. Wegen seines Einsatzes nennt man ihn »Apostel der Indianer«.

Buddha und sein Gottesbild

Buddha (Siddharta Gautama, 560-480 v. Chr.) verkündete nicht die Existenz eines Gottes und wollte auch selbst nicht als Gott verehrt werden. Er lehrte die Menschen den Weg der Erlösung. Buddha hat darauf verzichtet von Gott zu sprechen. Sein Schweigen über Gott bedeutet kein Leugnen einer göttlichen Wirklichkeit. Dahinter steckt vielleicht die Einsicht, dass die menschliche Sprache nicht bis an die Größe Gottes heranreicht und deshalb verstummen muss.

Gottvater thront und hält mitleidend das Kreuz mit Christus, dazwischen schwebt die Taube. Diesen Versuch, die → Dreieinigkeit darzustellen, nennt man Gnadenstuhl. Miniatur aus dem Engelberger Psalterium, um 1335.

Dreieinigkeit

Der Glaube an die Dreieinigkeit besagt, dass der eine Gott sich dreipersonal offenbart, als Vater durch den Sohn im Heiligen Geist. Wir dürfen uns Gott also nicht wie drei einzelne Götter vorstellen. Das Wort Person kommt von *personare* und heißt »hindurchtönen«. Das heißt, dass durch jede der drei göttlichen Personen der eine und einzige Gott »hindurchtönt«: Der Vater, der die Welt erschaffen hat, der Sohn, der in die Welt gekommen ist, und der Heilige Geist, der die Menschen in ihrem Inneren und in ihrem Tun erfüllt. In jeder göttlichen Person begegnet uns also der eine Gott. Weil Gott sich als Dreifaltiger offenbart, können wir sagen, dass sein innerstes Wesen lebendige und personale Beziehung ist. Das NT bekennt dies mit dem Satz »Gott ist die Liebe« (1 Joh 4,8). Die Dreieinigkeit wurde im Mittelalter in so genannten Gnadenstuhl-Darstellungen verbildlicht.

Esoterik

Esoterik (griech. *esoterikós* = innerlich, geheim) bezeichnet ursprünglich ein geheimes Wissen, das nur für Eingeweihte zugänglich ist. Konkret verbirgt sich heute dahinter ein Weltbild, das sich bewusst vom rational und naturwissenschaftlich geprägten Weltbild abhebt. Es enthält eine Sammlung von Meditationstechniken aus den verschiedenen Weltreligionen, Orakeltechniken wie Astrologie, Handlesen, und psychotherapeutische Verfahren. Die Esoterik grenzt sich also bewusst sowohl von der wissenschaftlichen Denkweise als auch von verbindlicher, kirchlich gebundener Religiosität ab. Die Menschen verbinden die Frage nach dem Sinn des Lebens mit einer vagen Suche nach Religion und dem Ausprobieren verschiedener Psychotechniken.

Eucharistie

Christen feiern gemeinsam Eucharistie. Das Wort kommt aus dem Griechischen und heißt Danksagung: Sie danken Gott für alles, was er für die Menschen getan hat. Dabei erinnern sie sich dankbar an das Leben und Wirken, den Tod und die Auferstehung Jesu. In seinem Wort und unter den Gaben von Brot und Wein wird Jesus bei der eucharistischen Feier in der Gemeinde in besonderer Weise gegenwärtig. Priester und Gemeinde bilden mit ihm eine Gemeinschaft. Wenn der Priester über die Gaben den Segen spricht, spricht er die Worte, die Jesus beim letzten Abendmahl über Brot und Wein gesprochen hat. In Brot und Wein ist Christus mit Leib und Blut bei den Menschen gegenwärtig.

Evangelien, Zweiquellentheorie der Entstehung der Evangelien

Bei näherer Betrachtung der vier Evangelien (griech. »gute Nachricht«) fällt zunächst der enge Zusammenhang der drei »synoptischen« (griech. zusammenschaubaren) Evangelien des Markus, Matthäus und Lukas im Unterschied zum Johannesevangelium auf. Ein Vergleich der Gemeinsamkeiten und Unterschiede der drei Synoptiker wirft wichtige Fragen über ihre Entstehung und ihre Abhängigkeit voneinander auf. Sie finden in der so genannten Zweiquellentheorie ihre Erklärung. Ihre Ergebnisse sind im Wesentlichen folgende:
Das Mk-Evangelium ist das früheste Evangelium. Seine Entstehungszeit wird um das Jahr 70 n. Chr. angenommen. Es diente als Vorlage für Mt und Lk, die beide seine Gliederung und einen großen Teil seiner Textinhalte übernahmen. Aus Übereinstimmungen im zusätzlichen Text von Mt und Lk ergibt sich eine weitere schriftliche, in griechischer Sprache verfasste Quelle Q.

Man bezeichnet sie auch als »Logienquelle«, da sie vor allem Worte und Reden Jesu (logos = Wort) enthält. Texte, die sich nur in einem der drei Evangelien finden, werden »Sondergut« des jeweiligen Evangelisten genannt. Das Mt-Evangelium entstand um das Jahr 80 n. Chr. in Syrien für eine Gemeinde, deren Mitglieder vorher jüdisch waren, während das Lk-Evangelium um die Jahre 80-90 n. Chr. in Kleinasien für frühere Heiden verfasst wurde. Vor Entstehung der Evangelien wurden verschiedene mündliche Überlieferungen über das Leben Jesu in den Gemeinden weitergegeben und wohl auch schriftlich festgehalten. Sie wurden von den Evangelisten gesammelt.
Das Joh-Evangelium entstand um das Jahr 100 n. Chr.; es enthält eigenständige Überlieferungen, die die Bedeutung der Person Jesu als Erlöser der Welt besonders herausheben, während die drei synoptischen Evangelien das Kommen der Gottesherrschaft in den Worten und Taten Jesu schildern.

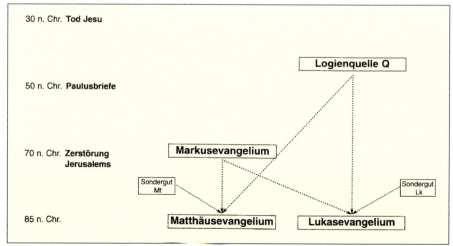

Entstehung der → Evangelien.

Fatalismus

Vom lat. Wort »*fatalis*«, d. h. »vom Schicksal bestimmt«, meint eine Lebenshaltung, die den Weg des menschlichen Schicksals unentrinnbar von einer überirdischen Macht bestimmt sieht. Diese Macht stellt man sich entweder als das unpersönliche Schicksal oder als Götter vor. Äußerlich wirken fatalistische Menschen meist ruhig und gelassen auf ihre Umwelt, weil sie alles über sich ergehen lassen und hinnehmen. Der islamische Fatalismus bedeutet die vollständige und unbedingte Ergebung in den Willen Allahs.

Franziskus

Franz von Assisi (1181-1226) wurde vermutlich im Jahr 1181 unter dem Namen Giovanni Bernardone als Sohn einer reichen Kaufmannsfamilie geboren. Vom Vater wurde er später wegen seiner französischen Mutter in »Francesco« (= kleiner Franzose) umbenannt.
Er führte zunächst ein sorgloses, unbeschwertes Leben, bis er im Krieg zwischen den Städten Perugia und Assisi gefangen genommen wurde und schwer erkrankte. Diese Krankheit und eine visionäre Begegnung mit Jesus löste eine radikale Änderung seines Lebens aus, verbunden mit dem Bruch mit seiner Familie, die dies nicht verstehen konnte. Er widmete sich der Pflege von Leprakranken und baute die verfallene Kirche von S. Damiano wieder auf. Bald schlossen sich ihm zahlreiche Anhänger an; es entstand der Orden* der Franziskaner, der 1210 von Papst Innozenz III. offiziell anerkannt wurde.
Sein Ideal war es, Christus in den Armen zu finden und zu dienen.

Papst Innozenz III. sieht im Traum einen Mann (→ Franziskus), der eine vom Einsturz bedrohte Kirche stützt und aufrichtet. Fresko von B. Gozzoli in San Francesco in Montefalco.

Daraus ergab sich ein Leben in Armut und Gewaltlosigkeit. Von der Verbundenheit mit der gesamten Schöpfung sprechen sein Sonnengesang (Deuteseite ⑮), in dem er Tiere, Pflanzen und die gesamte Natur »Bruder« oder »Schwester« nennt, sowie zahlreiche Legenden. Er starb 1226 und wurde bereits zwei Jahre nach seinem Tod heilig gesprochen. Sein Gedenktag ist der 4. Oktober, zugleich auch Welttierschutztag.

Gotik

Die gotischen Kirchen sind die Meisterwerke der Baukunst im Mittelalter (1150-1450). Zunächst waren sie umstritten; »gotisch« (von ital. *gotico* = den Stamm der Goten, also der unzivilisierten Barbaren, betreffend) galt als Schimpfwort. Die Linien der Türen und Fenster laufen in einem Bogen aufeinander zu und treffen sich in der Spitze: die Spitzbögen entstehen. Alle Linien lenken beim

St. Peter in Regensburg mit hoch aufstrebenden Türmen (→ Gotik).

Betrachten den Blick nach oben. Das Kirchendach, das sich über die Kirche spannt, wird nur durch Pfeiler abgestützt. Das Tageslicht fällt durch farbige Fensterflächen in den Innenraum der Kirche. Diese erzählt vom Glauben der Menschen: So wie die Säulen den Blick nach oben lenken, so wenden sich die Menschen Gott im Himmel zu.

Gottesbilder

Jede Religion hat ihre eigenen Vorstellungen von Gott. Im Wesentlichen unterscheiden wir Religionen, die von *einem* Gott sprechen, d. h. monotheistische Religionen, und polytheistische Religionen, die Gott in unterschiedlichen Gottheiten verehren (z. B. den Hinduismus). Zwischen den Weltreligionen kann man Gemeinsamkeiten fest-

halten, so glauben z. B. Juden, Christen und Muslime an einen einzigen, persönlichen Gott, der die Grenzen irdischer Erfahrung überschreitet (= transzendent). Das Gottesbild spiegelt sich auch in der Ausübung der Religionen wider (→ Buddha und sein Gottesbild). So beten die Hindus ihren Gott in den drei Gottheiten Shiva, Brahma und Vishnu an, vor deren Statuen oder Bildern sie Früchte oder Süßigkeiten darbringen.

Grünewald, Mathias: Isenheimer Altar

Der so genannte »Isenheimer Altar« wurde von dem Maler Mathis Neidhard, genannt Grünewald, in den Jahren 1510-1515 für das Antoniterkloster in Isenheim bei Colmar geschaffen. Die Gemeinschaft pflegte in ihrem Spital der Antoniter vor allem von der Gesellschaft als »Aussätzige« ausgestoßene Leprakranke. Der Isenheimer Altar war in der Kirche des Spitals für die Kranken sichtbar aufgestellt, sodass sie sich in dem leidenden Christus wiederfinden und aus dem zugehörigen Auferstehungsbild (vgl. Deuteseite 69) Trost und Hoffnung gewinnen konnten. Künstlerisch bahnbrechend ist die ungemein ausdrucksvolle Darstellung des Leidens Christi und seiner Auferstehung, die den Rahmen des zu der Zeit Üblichen sprengte.

Karmel/Karmelitin → Orden

Katharina von Siena

Katharina Benincasa von Siena wurde 1347 als fünfundzwanzigstes Kind einer wohlhabenden Wollfärberfamilie geboren. Sie hatte eine Zwillingsschwester. Früh suchte ihre Mutter einen

Bräutigam für sie aus. Der Tod ihrer Lieblingsschwester ließ die Fünfzehnjährige gegen den Willen ihrer Eltern in den Bettelorden des hl. Dominikus eintreten. Während der Pestepidemie 1374 pflegte sie Kranke; seit 1375 trug sie die Zeichen der Wundmale Jesu. Sie wollte die Kirche erneuern. In ihren Briefen maßregelte sie ohne Angst Fürsten und Prälaten, »die nach nicht anders trachten, als nach Essen, schönen Palästen und großen Pferden«. »Friede, Friede« war die Losung, mit der sie Streit zwischen italienischen Städten schlichtete. Durch ihr politisches Talent konnte sie viele Feindschaften abbauen. Sie bewegte Papst Gregor XI. dazu, aus seinem päpstlichen Hof im französischen Avignon nach Rom zurückzukehren. 1378 siedelte sie auf Wunsch des Papstes nach Rom über und sorgte sich vor allem um die Einheit der Kirche. Sie hatte großen Einfluss auf die Kirchenpolitik.

Katharina starb 1380 im Alter von nur 33 Jahren. Sie wird als Kirchenlehrerin verehrt und gilt als eine der Patroninnen Italiens und Europas.

Eine Miniaturmalerei zeigt → Katharina von Siena beim Schreiben.

Kirche

Das Wort Kirche von griechisch *kyriakeä* ist abgeleitet von *kyrios* = der Herr und heißt übersetzt »zum Herrn gehörend«. Es wird zum einen für die Gemeinschaft der Christen und zum anderen für das Gebäude, in dem sie sich versammelt, gebraucht. In der Alltagssprache sagt man oft »Man geht in die Kirche« und meint damit, dass man in den Gottesdienst, also zur Versammlung der Gläubigen, geht. Vom II. Vatikanischen → Konzil wird die Kirche in biblischen Bildern und Begriffen beschrieben als Volk Gottes, Leib Christi, Tempel des hl. Geistes. Gleichzeitig ist sie als gesellschaftliche Institution organisiert und wird sichtbar in der Verkündigung, in den Sakramenten, in der Diakonie (Caritas) und in den Ämtern der Kirche.

Konkordanz

alphabetisches Verzeichnis aller in einer Schrift vorkommenden Wörter oder Begriffe mit Stellenangaben, z. B. Bibelkonkordanz.

Konzil, Synode

Das lateinische Wort *concilium* bedeutet Versammlung. In der katholischen Kirche bezeichnet es die kollegiale Versammlung der Bischöfe. Von einem ökumenischen *Konzil* spricht man, wenn Bischöfe aus aller Welt sich unter dem Vorsitz des Papstes versammeln und über Fragen beraten und beschließen, die die ganze Kirche betreffen.
Das letzte ökumenische Konzil fand von 1962-1965 im Vatikan statt. Es wird auch das Zweite Vatikanische Konzil genannt.
Das griechische Wort für Konzil ist *Synode*. Man benutzt das Wort für eine Bischofssynode, die zusammenkommt, um den Papst zu einem bestimmten Thema zu beraten. Auf einer Diözesansynode berät der Bischof mit den Verantwortlichen über die Zukunft der Kirche vor Ort. Mitglieder einer Synode heißen Synodale.

Laie/Laiin

Dieses Wort stammt aus der griechischen Sprache und bedeutet wörtlich »zum Volk gehörend«. Später wurde diese Bedeutung verallgemeinert zu »Nicht-Fachleute«. In der Kirche war Laie/Laiin ursprünglich eine Ehrenbezeichnung für alle, die zum Volk Gottes gehören.
Später wurde der Name zur Bezeichnung für die Mitglieder der Kirche, die nicht geweiht sind.

Maier, Johann

Johann Maier (1906-1945) wirkte ab 1939 als Domprediger in Regensburg. In den letzten Kriegstagen im April 1945, als die Niederlage Deutschlands nicht mehr zu leugnen war, näherten sich amerikanische Truppen der Stadt. Die große Mehrheit der Bevölkerung erkannte, dass bewaffneter Widerstand sinnlos war. Dem stand der Befehl Hitlers entgegen, jede deutsche Stadt bis zum Letzten zu verteidigen. Am 23.4.1945 kam es deshalb zu einem Menschenauflauf um die bedingungslose Übergabe der Stadt zu fordern. Johann Maier machte sich zum Sprachrohr der Demonstranten und versprach, die örtliche Parteileitung um die Kapitulation zu bitten. Noch während seiner Rede wurde er verhaftet und am folgenden Tag in der Nähe des Doms hingerichtet. Als die Amerikaner dies erfuhren, stoppten

Johann → Maier (1906-1945).

sie den geplanten Großangriff auf Regensburg und die Stadt wurde ihnen kampflos übergeben.

Mayer, Rupert

Pater Rupert Mayer wurde am 23. Januar 1876 in Stuttgart geboren. Er absolvierte das Gymnasium und studierte Philosphie und Theologie in Freiburg, München und Tübingen. 1899 wurde er zum Priester geweiht. 1900 trat er in Feldkirch in Vorarlberg dem Jesuitenorden (→ Orden) bei. Ab 1906 zog er als Volksmissionar durch Deutschland, die Schweiz und die Niederlande. 1912 kam er nach München. Am 1. Weltkrieg nahm er ab 1914 als Feldgeistlicher teil. 1916 erlitt er, als er sich schützend über einen schwer verletzten Soldaten beugte, in Rumänien schwere Verwundungen und verlor sein linkes Bein. In den Jahrzehnten nach dem Krieg wurde er in München der bekannte Männerseelsorger und beeindruckende Prediger in der Bürgersaalkirche mitten im Stadtzentrum. Von Beginn des aufkommenden Nationalsozialismus an erkannte er die Gefahren der »Bewegung« und wurde durch

Links: Rupert → Mayer (1876-1945).

seine Predigten zum gefürchteten Gegner der Nazis. Sein selbstloser Einsatz ohne Rücksicht auf die Gesundheit brachte ihm die Zuneigung und Verehrung vieler Menschen. 1937 wurde er zum ersten Mal von den Nazis verhaftet und schließlich wegen einer Predigt für sechs Monate inhaftiert. Er wurde noch mehrfach verurteilt und sieben Monate im KZ Sachsenhausen in Isolationshaft gehalten. In den letzten Kriegsjahren musste er auf Weisung seiner Oberen in die Verbannung ins Kloster Ettal. Die Machthaber hatten gedroht, ihn andernfalls endgültig mundtot zu machen. Nach Kriegsende wollte er seine Tätigkeit als Prediger und Seelsorger wieder aufnehmen. An Allerheiligen 1945 starb er entkräftet während einer Predigt. Er wurde in der Unterkirche seines Wirkungsortes begraben. Papst Johannes Paul II. sprach ihn 1987 selig. Sein Eintreten für die Wahrheit, das Engagement für die Freiheit des Glaubens und die Menschenrechte, besonders auch die tätige Hilfe für die sozial

Schwachen und sein unbedingtes Eintreten für das Evangelium sind von bleibender Aktualiät.

Menschenrechtsgruppen
MISEREOR

Das kirchliche Hilfswerk *Misereor* wurde 1958 von den Deutschen Bischöfen gegründet. Misereor will dazu beitragen, Not und Elend, wie sie sich vorwiegend in den Ländern Asiens, Afrikas und Lateinamerikas zeigen, zu lindern, damit für die betroffenen Menschen ein Leben in Würde und Gerechtigkeit möglich wird. Die Hilfe von *Misereor* soll Hilfe zur Selbsthilfe sein und eine dauerhafte Verbesserung der Lebensverhältnisse ermöglichen. Weitere große kirchliche Hilfswerke für die Dritte Welt sind auf der katholischen Seite *Adveniat*, auf der evangelischen Seite *Brot für die Welt*. Auch das internationale katholische Missionswerk *Missio* leistet in erheblichem Maße Entwicklungshilfe.

MISEREOR
Mozartstraße 9
52064 Aachen
Internet: www.misereor.de
E-Mail: PPS@Misereor.de

amnesty international (ai)

ai bemüht sich um die Freilassung von Männern und Frauen, die wegen ihrer politischen Überzeugung, ihrer Hautfarbe, Herkunft, Sprache, wegen ihres Glaubens oder Geschlechts inhaftiert worden sind und Gewalt weder angewandt noch befürwortet haben. *ai* setzt sich darüber hinaus für alle politischen Gefangenen ein, dass sie ein faires und zügiges Gerichtsverfahren erhalten. *ai* tritt für alle Gefangenen ein, die von

Folter, Todesstrafe oder sonstiger grausamer, unmenschlicher oder erniedrigender Behandlung bedroht sind. *ai* kämpft gegen politische Morde.
An vielen Orten gibt es *ai*-Gruppen, die einzelne Gefangene betreuen. Jede/r kann Mitglied werden oder *ai* unterstützen.

amnesty international
Postfach
53108 Bonn
Internet: www.amnesty.de
E-Mail: ai-de@amnesty.de

terre des hommes

terre des hommes (»Erde der Menschlichen«) wurde 1959 in der Schweiz gegründet. Ziel von *terre des hommes* ist es, Not leidenden Kindern zu helfen und über die Hintergründe von Not und Ungerechtigkeit aufzuklären. *terre des hommes* ist unabhängig von Staat, Parteien und Kirchen und tritt an die Öffentlichkeit, wenn politische Entscheidungen, wirtschaftliche Interessen oder das Verhalten einzelner Menschen sich gegen Kinder richtet.

terre des hommes
Ruppenkampstr. 11a
49031 Osnabrück
Internet: www.tdh.de
E-Mail: terre@t-online.de

unicef

United Nations International Childrens Emergency Funds ist das Kinderhilfswerk der Vereinten Nationen. Es wurde 1946 gegründet. Heute hilft *UNICEF* vor allem Kindern in Entwicklungsländern. Seit einigen Jahren ist *UNICEF* auch in Osteuropa verstärkt aktiv. Bei Kriegen und Katastrophen startet *UNICEF* Sofortprogramme; die langfristige Hilfe soll die Ernährung, Gesundheit und Bildung verbessern. Ein Schwerpunkt liegt in der weltweiten Aufklärung über die Rechte und Bedürfnisse der Kinder und der Frauen.

unicef
Höninger Weg 104
50969 Köln
Internet: www.unicef.de
E-Mail: unicef@t-online.de

Okkultismus, okkult

Als »Okkultismus« (lat. *occultus* = verborgen) bezeichnet man die Beschäftigung mit Phänomenen, die sich außerhalb unseres »normalen« Erfahrungsbereiches befinden und sich scheinbar auch nicht naturwissenschaftlich erklären lassen. Sie sollen durch eine jenseitige »verborgene« Geisterwelt verursacht sein. Diese wirkt über Medien (Menschen mit der Gabe, Kontakt zur jenseitigen Welt aufzunehmen) und bestimmte okkulte Techniken, z. B. beim Gläserrücken, Pendeln, Befragen von Tarotkarten, Horoskopen u. Ä. in unsere Welt hinein. Meist lassen sich jedoch wesentlich einfachere und natürliche Erklärungen für diese Erscheinungen finden.
Zum Gläserrücken z. B. sagen Psychologen, dass die Beteiligten den Eindruck hätten, ein Geist führe ihre Hand. Oft genügt es aber, dass einer der Teilnehmer aus Ermüdung den Arm etwas sinken lässt und unwillkürlich das Glas anschiebt. Er hat den Eindruck, dies geschähe ohne sein Zutun. Hinter solchen Erlebnissen stecken meist sehr starke, aber unbewusste Wünsche oder Ängste, die zwar aus dem eigenen Inneren kommen, aber von den Betroffenen als von außen kommend erlebt werden.

Ähnliches gilt für das Pendeln, das Kartenlegen und andere Methoden, die die Zukunft vorhersagen sollen.

Orden

Es gibt eine große Anzahl von Klöstern und Ordensgemeinschaften. Oft werden sie nach ihrem Gründer oder ihrer Gründerin (z. B. Klarissen nach der hl. Klara) oder nach dem Ort ihrer Erstgründung (z. B. Zisterzienser nach Citeaux) benannt. Die verschiedensten Gemeinschaften haben je andere Ziele und Aufgaben (Krankenpflege, Seelsorge, Erziehung und Unterricht, Mission, Fürbittgebet, Buße). Deshalb brauchen sie für ihr Zusammenleben auch verschiedene Regeln (lat. *ordo*). Daher kommt die Bezeichnung Orden. Man unterscheidet »tätige« Orden von »beschaulichen« Orden. Die tätigen Orden widmen sich besonders dem Dienst an den Menschen, die beschaulichen vor allem der Meditation und dem Gebet (z. B. die Karmelitinnen). Viele Orden haben ein eigenes Ordenskleid; heute wird es oft nur noch zu bestimmten Anlässen und im Gottesdienst getragen.
Alle Ordensmitglieder geloben, um Christi willen arm, ehelos und gehorsam zu leben und ihr ganzes Leben in den Dienst Gottes und der Menschen zu stellen (Ordensgelübde). Mitglieder eines Ordens, die die Priesterweihe erhalten haben, heißen *Pater*; nicht geweihte Mitglieder nennt man *Bruder* oder *Schwester*.
In den Anfängen bauten die Mönche und Nonnen ihre Klöster (= abgeschlossener Bereich) oft auf Bergen oder in abgeschiedenen Tälern, um dort Gott in Gebet und

Arbeit zu dienen. Ihre Wirksamkeit reichte jedoch bald weit über die Grenzen ihrer Klöster hinaus. Den ersten Orden gründete im 7. Jahrhundert der hl. Benedikt. Die im Mittelalter gegründeten Orden widmeten sich besonders der Seelsorge in den Städten, später auch der Krankenpflege, z. B. der Pestkranken. Sie lebten von den Spenden ihrer Mitmenschen. Deshalb nannte man sie auch Bettelorden (z. B. die Franziskaner).
Auch in der Neuzeit werden die Ordensgemeinschaften meist für ein bestimmtes Aufgabengebiet gegründet.

Rituale

Viele unserer menschlichen Begegnungen sind durch Rituale (lat.: gottesdienstlicher Brauch) geprägt, so vollzieht sich die Gratulation zum Geburtstag nach einem Ritual (erst gratulieren, dann das Geschenk überreichen usw.). Rituale bieten uns im Alltag einige Vorteile: So werden sie von vielen Menschen eingeübt, verstanden und selbst angewandt. Auch braucht man sich um den Ablauf eines Rituals keine Gedanken mehr zu machen, weil man ihn verinnerlicht hat. Deshalb kann ein Ritual uns Sicherheit geben, um z. B. in schwierigen Situationen die richtigen Worte oder die passenden Bewegungen zu finden.
Rituale spielen auch in der Religionsausübung eine große Rolle. In Gottesdiensten finden Christen viele Rituale, d. h. symbolhafte, oft schematisierte Verhaltensweisen, z. B. während der Eucharistie. Den Ritualen liegen jeweils ein wesentliches → Symbol oder eine tiefe menschliche Erfahrung zugrunde,

St. Michael in Altenstadt bei Schongau
(→ Romanik).

die durch symbolische Handlungen (Riten) gefeiert wird. Wichtig ist, dass die Rituale auch unseren Körper einbeziehen. Denn die Körperhaltung drückt unsere innere Stimmung aus (geneigter Kopf bei gesammeltem Gebet). Andererseits können in den Ritualen über die Körpererfahrung auch tiefe menschliche Erfahrungen zugänglich werden, z. B. durch das Niederwerfen auf die Erde werden Ohnmacht und Schwäche, Ergebung und Hingabe zum Ausdruck gebracht.

Romanik

In romanischen Kirchen sind die Mauern dick, aber nicht so hoch wie in der → Gotik. Fenster und Türen sind klein, sodass nur wenig Licht in das Innere fällt. Der obere Rand der Fenster und Türen ist rund. Die mächtigen Wände tragen das schwere Dach. Die Kirchen der Romanik, die vor mehr als tausend Jahren gebaut worden sind (9. bis 12. Jahrhundert), sind sehr schlicht und einfach ausgestattet. Wer eine solche romanische Kirche besucht, hat den Eindruck, hier gut geschützt zu sein. Der Bau der Kirche drückt den Glauben der Menschen aus: Gott ist wie eine starke, schützende Burg.

Sakrament

Christen feiern in den Sakramenten auf besondere Weise die Begegnung zwischen Gott und dem Glaubenden. In wesentlichen Lebenssituationen spricht Gott in symbolischen Handlungen und deutenden Worten seine Nähe zu. Die Gläubigen erfahren in den Zeichen, dass sie erlöst und zu neuem Leben – als Einzelne und in der Gemeinschaft – befreit sind. Die katholische Kirche kennt sieben Sakramente: Taufe, Firmung, Eucharistie, Buße, Krankensalbung, Weihe und Ehe.

Satanismus, satanistisch

Als Satanismus bezeichnet man die Verehrung des Teufels oder allgemein der Mächte des Bösen. Dies kann in bewusst anti-christlichen Vereinigungen und Gruppen geschehen, die oft christliche → Symbole und → Rituale umdeuten um sie so zu verspotten (z. B. bei »schwarzen Messen«). Die satanistischen Werte stehen im bewussten Gegensatz zum Christentum: nicht Nächstenliebe oder Verantwortung für die Schwächeren, sondern schrankenloser Egoismus, Grausamkeit und die Lust an obszönen und perversen Handlungen werden zum Maßstab erhoben. Im Alltag begegnet man insbesondere in der Musikbranche häufig einer Art Kommerz-Satanismus. Um zu provozieren oder zu schocken und so Schlagzeilen zu machen, werden einige Elemente oder Symbole aus dem Satanskult übernommen, ohne jedoch die Zusammenhänge zu kennen.
In der christliche Tradition ist der Satan (hebr. Widersacher) ein gefallener Engel, der jedoch kein eigenständiger Gegner Gottes ist.

Schervier, Franziska

Franziska Schervier (1819-1876) stammte aus einer wohlhabenden Fabrikantenfamilie aus Aachen. Schon von Kindheit an fragte sie

In der Suppenküche sorgt Franziska → Schervier für die Hungernden.

sich, wie sie in ihrem Leben den Willen Gottes am besten verwirklichen könnte. Die Antwort fand sie im Dienst an den Menschen in sozialen Brennpunkten. Sie gründete 1845 eine Gemeinschaft, die »Genossenschaft der Armen Schwestern vom Hl. Franziskus«. Diese machte es sich zur Aufgabe, sich vor allem um Frauen in Gefängnissen zu kümmern. Auch auf den Kriegsschauplätzen ihrer Zeit pflegten Franziska und ihre Schwestern die Verwundeten. 1974 wurde Franziska Schervier selig gesprochen.

Schoa

Das hebräische Wort *Schoa* kommt bereits in der Bibel vor und beschreibt dort eine unerwartet hereinbrechende Katastrophe (z. B. Jes 47,11). Das Wort bezeichnet im Neuhebräischen die vollständige Vernichtung und Tötung einer großen Zahl von Menschen oder eines Volkes. Religiöse Juden bezeichnen mit *Schoa* vor allem die Verfolgung und besonders die Vernichtung der europäischen Juden während der Herrschaft der Nationalsozialisten.

Symbol/Zeichen

Das Wort Symbol kommt aus dem Griechischen; »*symballein*« bedeutet »zusammenwerfen«, »zusammenfügen«. Wenn sich im antiken Griechenland zwei Menschen für längere Zeit getrennt hatten, zerbrachen sie ein Tontäfelchen, von dem jeder eine Hälfte bei sich behielt. Die beiden Teile galten als Erkennungszeichen, wenn sie bei einer späteren Begegnung wieder zusammen-

passten oder wenn ein Bote den anderen Teil überbrachte. Symbole bestehen aus zwei Teilen, einem gegenständlichen und einem, worauf der Gegenstand hinweist. So kann eine rote Rose als Geschenk auf Zuneigung und Liebe hinweisen. Hier kommen also das Gegenständliche – die Rose – und das, worauf sie hinweist – die Liebe – zusammen. Symbole lösen unterschiedliche Gefühle in Menschen aus und können deswegen unterschiedlich gedeutet werden. Blut z. B. kann sowohl für Leben als auch für Tod stehen.
Im Gegensatz zu Symbolen werden Zeichen verabredet und festgelegt, sie sind immer eindeutig, z. B. die Verkehrszeichen.

Theresia von Lisieux

Die hl. Theresia wurde unter dem Namen Thérèse Martin am 2. Januar 1873 im Städtchen Alençon in Westfrankreich als neuntes Kind einer Kaufmannsfamilie geboren. Mit vier Jahren verlor sie ihre Mutter. Gegen den Widerstand des Bischofs wollte sie schon als Jugendliche in den Karmel (→ Orden) in Lisieux eintreten. 1888 konnte sie eintreten und nahm den Namen Theresia vom Kinde Jesu und vom heiligsten Antlitz an. Sie folgte, wie sie sagte, dem »kleinen Weg«: Sie wollte in kindlicher Hingabe ihr Leben ganz Jesus und Gott widmen und suchte die immer nähere Begegnung und Vereinigung mit ihm. Gott in Jesus über alles zu lieben und in der Liebe zu Menschen Gott zu erfahren, das war der Kern ihrer

→ Theresia von Lisieux (1873-1897).

Frömmigkeit. Durch das ständige Fasten und den wenigen Schlaf geschwächt, erlag sie nach längerer Krankheit im Alter von 24 Jahren am 30. September 1897 der Tuberkulose. Sie wird im Gegensatz zur Ordensgründerin Theresia von Avila auch die kleine Theresia genannt. 1898 erschien unter dem Titel »Geschichte einer Seele« ihre Autobiografie. Ihre Schriften wurden in über 50 Sprachen übersetzt. 1925 sprach Papst Pius XI. sie heilig. Sie wird auch als Patronin von Frankreich verehrt.

Theodizee

Dieser Fachbegriff bezeichnet die uralte philosophische Frage nach dem Wesen Gottes (*theos* griechisch: Gott) angesichts des – nach menschlichen Maßstäben – ungerechten Leidens von Menschen.

Biblische Zitate und Verweise

Stichwort-Register

Text- und Bildnachweis

7   Toyen (Marie Germinova, 1902-1980), Die Schläferin, 1937, 81 x 100 cm, Privatbesitz

8   Fotos: KNA (li.) – © Bilderbox (2) – In: Antoine de Saint-Exupéry, Der Kleine Prinz, Karl Rauch Verlag, Düsseldorf 1956, Üs. von Grete und Josef Leitgeb – Bertolt Brecht, Gesammelte Werke, Suhrkamp Verlag, Frankfurt

9   Tomi Ungerer (* 1931), Einsam, Vierfarb-Handsiebdruck, 252 x 218 mm – Foto: © dpa – Albert Camus, Die Pest, Karl Rauch Verlag, Düsseldorf 1950, Üs. von Guido Meister, S. 138-143

11 Gernot Candolini, Labyrinthe. Ein Praxisbuch zum Malen, Bauen, Tanzen, Spielen, Meditieren und Feiern, Weltbild/Pattloch-Verlag, Augsburg 1999, Nr. 21 – Foto: Kösel-Archiv

12 Cartoon: Gerhard Mester, Baaske Cartoons, Müllheim

13 Foto: Claudia Lueg, München (o. li.) – Werner Starke, Warendorf (o. re.) – Quelle nicht zu ermitteln (3)

16 Nach: Rainer Oberthür, Kinder fragen nach Leid und Gott, Kösel-Verlag, München 1998, S. 98 ff.

17 Ijob, Hanns H. Heidenheim, Düsseldorf

18 In: Elie Wiesel, Die Nacht, Bechtle Verlag, Esslingen 1980, Üs. von Curt Meyer Clason (gekürzt)

19 Marc Chagall (1887-1985), Die weiße Kreuzigung, 1938, Öl auf Leinwand, 155 x 139,5 cm, Chicago, Art Institute © VG Bild-Kunst, Bonn 2002

21 Foto: Heinrich Völkel/Laif

22 Foto: © Rolf Bauerdick/Deutsches Aussätzigen-Hilfswerk, Würzburg

23 Foto: Archiv Dominikus Ringeisen-Stiftung, Klosterhof 2, 86513 Ursberg

25 Paul Klee (1879-1940), Scheidung Abends, 1922, 79, Aquarell und Bleistift auf Papier, oben und unten Randstreifen mit Aquarell und Feder, auf Karton 33,5 x 23,2 cm, Schenkung LK, Klee-Museum, Bern © VG Bild-Kunst , Bonn 2002

26 In: Alice Walker, Die Farbe Lila, Rowohlt Verlag, Reinbek 2000, Üs. von Helga Pfetsch

27 Elie Wiesel, Er hat sich versteckt, in: Raum für Begegnungen mit Gott, praxis ru 34, Gütersloher Verlagshaus, Gütersloh 1996, S. 9 – Rupprecht Geiger, 638/72, 1972, 200x205 cm, Öl auf Leinwand © Diözesanmuseum für christliche Kunst des Erzbistums München und Freising – Wolfdietrich Schnurre, Das Begräbnis, in: ders., Die Erzählungen, Walter Verlag, Olten/Freiburg 1966

29 In: Nevfel Cumart, Auf den Märchendächern. Gedichte, Grupello-Verlag, Düsseldorf 1999, S. 13

30 In: Fynn, »Hallo, Mister Gott, hier spricht Anna«, Scherz Verlag, Bern und München 52 1995, Üs. von Helga Heller-Neumann – Bild o.: Markus, 11 Jahre, in: Barbara Strunk, Passt Gott auch in mein Kinderbett?, in: entwurf 2/2000 – Bild u.: Jessica, 12 Jahre

31 Bild o.: Michaela, 15 Jahre, in: Helmut Hanisch, Die zeichnerische Entwicklung des Gottesbildes, Calwer Verlag/Evangelische Verlags-Anstalt, Stuttgart/Leipzig 1996, Abb. 51 – Bild u.: Johannes, 16 Jahre, in: Helmut Hanisch, Institut für Religionspädagogik der Universität Leipzig

32 Tuschzeichnung: Yoshiko Yokoo, in: Der Ochs und sein Hirte. Zen-Augenblicke. Mit Kommentaren und ausgewählten Texten von H. M. Enomiya-Lassalle, Kösel-Verlag, München 1994 – Vishvarupa, »Allgestaltige« Gottheit, Foto: Peter Keilhauer, Salzburg

33 Foto: © Bayard Presse Int., »Le Monde de la Bible« – Kalligrafie in: Annemarie Schimmel, Gesang und Ekstase, Kösel-Verlag, München 1999, S. 197

34 Magdalena Marx, genaue Quelle nicht zu recherchieren

35 Nach einer Vision von Hildegard von Bingen

36 Jutta Boxhorn, In Gottes Hand – Elija (1 Kön 19,4-8), 1995

37 Kurt Marti, in: ders., Werkauswahl in fünf Bänden, Namenszug mit Mond. Gedichte, Nagel und Kimche, Zürich 1996 – Andrea Schwarz, in: dies., Wenn ich meinem Dunkel traue, Herder, Freiburg 1993, S. 72 – Dietrich Bonhoeffer, genaue Quelle nicht zu recherchieren

39 Deckenfresko aus Urschalling, 14. Jh., Kösel-Archiv

40 Pierre Stutz, in: ders., 50 Rituale für die Seele, Herder, Freiburg 2001, S. 77 – Foto: Werner Richner, Saarlouis

41 Paul Klee, Hat Kopf, Hand, Fuß und Herz, 1930, 214 (S 4), 41,8 x 29 cm, Aquarell und Feder auf Baumwolle auf Karton, Kunstsammlung Nordrhein-Westfalen, Düsseldorf © VG Bild-Kunst, Bonn 2002

42 Gerd Petermeyer (* 1951), Nach Essen, 1992, 120 x 96 cm, Öl auf Holz – Cartoon: Hogli © Baaske Cartoons – Anpassung oder Wagnis, in: Bertolt Brecht, Gesammelte Werke Bd. 14 Gedichte 24, Suhrkamp Verlag, Frankfurt, S. 30

43 Cartoon: Ivan Steiger, München – Thomas Merton, in: ders., Keiner ist eine Insel. Betrachtungen, Benziger, Zürich u. a. 1979, S. 39

44 Eugène Delacroix (1798-1863), Der Connétable de Bourbon von seinem Gewissen verfolgt, Bleistift laviert, nicht datiert, Öffentliche Kunstsammlung, Basel, Kupferstichkabinett

45 Martin Niemöller, genaue Quelle nicht zu recherchieren

46 Josef Reding, in: ders., Nennt mich nicht Nigger, Recklinghausen 1964, S. 140-144 (bearbeitet)

47 Schülerzeichnung

48 Cartoon: Tom Smits – Fotos: Kösel-Archiv

50 Cartoon: Ivan Steiger, München – T: Alois Albrecht/M: Ludger Edelkötter © Impulse Musikverlag, Drensteinfurft

51 Foto: © Germanisches Nationalmuseum Nürnberg

52 Werner Laubi, in: ders., Geschichten zur Bibel, Bd. 5, Kaufmann/Patmos, Lahr/Düsseldorf 1989, S. 103 ff.

53 Leonhard Baskin, Francisco Goya, Radierung, genaue Quelle nicht recherchierbar

54 Text in: Basta. Nein zur Gewalt. Arbeitsgemeinschaft Jugend & Bildung e. V., in Zusammenarbeit mit dem Bundesministerium des Innern, S. 13 und 17 – Foto: © DIE ZEIT

55 Text: Marius Müller-Westernhagen © More Music Musikverlag GmbH, Hamburg

56 Friedensreich Hundertwasser (1928-2000), 834 La prochaine dimension (Le mal et le bien) © J. Harel, Wien

57 Ingo Jännsch, Auferstehung, 1990, 140 x 140 cm, in: Auferstehung. Arbeiten fränkischer Künstler. Ausstellung der Diözese Würzburg im Marmelsteiner Kabinett, Katalog, Würzburg 1990, S. 38 f.

58 Jewgenij Jewtuschenko, in: ders., Herzstreik, Europa-Verlag, Hamburg, Üs. von Godehard Schramm – Foto: Prof. Rudolf Schäfer, Halle – Abb.: Klaus Rosanowski, Die schwarze Karte, 1974 – Leo Tolstoi, Quelle nicht zu recherchieren

59 Foto o.: Burkhard Wittpahl, Münster – Lothar Zenetti, Was fragst du?, in: ders., Wir sind noch zu retten. Neue Texte der Zuversicht, Pfeiffer, München 1989, S. 119 – Foto u.: Bernhard Schweßinger, Würzburg – Zitate Lissi und Norbert, in: Aufschlag 5/1997, hg. v. KJG-Diözesanverband Würzburg, Pf. 110661, 97032 Würzburg – Siegfried Macht, in: ders., Dein Name ist Dubistbeimir. Gedichte, Gebilde, Gedanken, Don-Bosco-Verlag, München 1985

60 Detail aus den Totentanzdarstellungen an der Decke der Friedhofskapelle Wondreb, in: Hermann Kirchhoff, Der Wondreber Totentanz, Schnell und Steiner, Zürich//München 2 1988, S. 29 – Foto u.: Quelle nicht zu ermitteln

61 Uta Helene Götz, Memento mori, 1990, 155 x 220 cm © Uta Helene Götz, Zeeze

62 Christel und Johannes Grewe, in: Gottesdienst Nr. 22/1988, S. 161-163 (gekürzt)

63 Foto: Kösel Archiv

65 Foto: The Entanglement in Fruitive Activities, from The Bhaktivedanta Book Trust Int'l © 2003

66 Fotos: Werner Zepf, Bregenz; Wilhelm Eisenreich – Text in: Willi Hoffsümmer (Hg.), 225 Kurzgeschichten für Gottesdienst, Schule und Gruppe, Bd. 1, Grünewald, Mainz 1981, S. 42 f.

67 Vincent van Gogh (1853-1890), Die Ernte, 1889 (in St. Rémy), Leinwand doubliert, 59,5 x 72,5 cm, Museum Folkwang, Essen

69 Mathis Gothart-Neidhard, genannt Grünewald (um 1457-1528), Auferstehung Christi, Isenheimer Altar, Zweite Schauseite, linke Tafel, Detail, Unterlinden-Museum, Colmar

70 Rose Ausländer, Wieder ein Tag aus Glut und Wind, Gedichte 1980-82, Bd. 6, S. Fischer Verlag, Frankfurt/M. 1986, S. 319

71 Pablo Picasso (1881-1973), Schwimmende Frau, 1929 © VG Bild-Kunst, Bonn 2002 – Marie Luise Kaschnitz, Ein Leben nach dem Tode, in: Gesammelte Werke, Bd. 4, Insel-Verlag, Frankfurt/M. 1985, S. 504

73 T: Alois Albrecht, M: Peter Janssens © Peter Janssens Musik Verlag, Telgte-Westfalen

74 Oscar Arnulfo Romero, Blutzeuge für das Volk Gottes, Olten 1986 und Instituto Histórico Centroamericano (Hg.), Sie leben im Herzen des Volkes, Düsseldorf 1984 – Foto: Romero Haus, Luzern

75 Zitate Edith Stein in: Waltraud Herbstrith (Hg.), Edith Stein, Verlag Thomas Plöger, Annaweiler o. J. – Foto: Edith Stein 1931 in Breslau, Kösel-Archiv

76 Foto: Udo Vogel, in: Spectrum 1/97, Zeitschrift der Gemeinschaft Evang. Erzieher in Bayern (GEE)

77 Misereor-Hungertuch aus Peru, Motiv 1: »Gemeinde als der fruchtbringende Baum«, gemalt von Frauen und Männern aus der Gemeinde Santiago de Pupuja © 1986, Misereor Medienproduktion, Aachen

78 Bertolt Brecht, Die Bibel, in: Gesammelte. Werke VII, Frankfurt/M. 1967, S. 3032 – Wolf Biermann, in: Bibel. Das Magazin zum Buch, hg. zum Jahr mit der Bibel 1992 von der Arbeitsgemeinschaft Christlicher Kirchen (ACK) u. a., Stuttgart 1992, S. 7 – Reiner Kunze, in: ders., Die wunderbaren Jahre, S. Fischer Verlag, Frankfurt/M. 1967, S. 38 f. – Foto: Ben Behnke, Iserlohn

79 Fotos: Medienteam AV, Gießen

80 Albrecht Dürer (1471-1528), Johannes, das Buch verschlingend, um 1498, Holzschnitt, 395 x 287 mm (Detail), Blatt 10 der Folge »Die Apokalypse«, Sammlung Otto Schäfer Inv. Nr. D-172 (1498, dt.)

83 Bibelkreis in Taizé, Foto: KNA, Frankfurt/M.

84 Jörg Zink, in: ders., Mehr als drei Wünsche, Kreuz Verlag, Stuttgart 1983

85 Foto: R. Schmidt, in: Theodor Mebs, Greifvögel Europas, Franckh-Kosmos, Stuttgart ²1994, S. 167

87 Max Slevogt (1889-1899), Der verlorene Sohn, 110 x 98 cm, Öl auf Leinwand, Staatsgalerie Stuttgart, 1889/99 © VG Bild-Kunst, Bonn 2002

89 Anne Seifert, Lea und Rachel, Batik, 42 x 55 cm © Albert Höfer, Graz

92 Evangelisierung 2000, KBA-Material zum »Tätigkeitswort« Erinnern

93 Foto: Guillermo Tragant © Edizioni San Paolo, Cinisello B./Mailand, in: Oliviero Toscani/Fabrica, Beten, Pattloch, München 2000

94 Fotos: o. li.: KNA-Bild, Frankfurt/M. – o. re.: Anselm Thissen, Münster – u. li.: mit freundlicher Genehmigung von Jean Pierre Hallet von The Pigmy Fund © Edizioni San Paolo, Cinisello B./Mailand, in: Oliviero Toscani/Fabrica, Beten, Pattloch, München 2000 – u. re.: © missio, München

95 Fotos: o. li.: Andrea Peters-Daniel, Erlangen – o. re.: Thomas Henn, Würzburg – u.: KNA-Bild, Frankfurt/M.

97 Fotos: Kösel-Archiv – Cartoon: © Guido Muer, Münster

99 Kirche und Synagoge, Kösel-Archiv

100 P. Meinolf von Spee, in: Bistum Essen (Hg.), Wir sagen Euch an: Advent 1995/96, unter Verwendung von: Klaus Mertes SJ, Wider den Hexenwahn. Cautio criminalis, in: Canisius, 36 (1985), S. 6-9 – Vignette: s. o. – Gotteslob Nr. 105

101 Scheiterhaufen, Germanisches Nationalmuseum, Nürnberg

102 Kösel-Archiv

103 Nach: Winfried Blasig/Wolfgang Bohusch, Von Jesus bis heute, Kösel-Verlag, München 1973, S. 168-171

103 Zitat Goldhagen: Interview mit Daniel Goldhagen, »Viele Kleriker waren Komplizen«, in: Stern Nr. 40 vom 26.9.2002, S. 34 © Gruner und Jahr, Hamburg 2002

104 Zit. n. Herbert Gutschera/Jörg Thierfelder, Brennpunkte Kirchengeschichtee, Schöningh, Paderborn 1976, S. 228 – Nach: Klaus Gäbelein, in: Nordbayerische Nachrichten (30.3.91)

105 Fotos: o.: Diözesanarchiv Berlin – m.: Interdiözesaner Katechetischer Fond, Das Leben gestalten. Glaubensbuch 7 – u.: DIZ Dokumentations- und Informationszentrum München

106 Foto: KNA, Frankfurt/M.

107 Skizzen: St. Norbert, Höchberg – Einhardsbasilika, Steinbach im Odenwald

108 Logo: MOBS, Katholisches Pfarramt, Erlangen

109 Gebet aus Afrika, Aussaat Verlag, Wuppertal, in: missio, Internationales katholisches Missionswerk, München – Foto: Christoph Hoigné, Bern, in: Sich begegnen ..., Ev. Mediendienst Bern/Zürich, in Zusammenarbeit mit dem DKV München, 1995, Nr. 116

112 In: Paul M. Zulehner, Für Kirchenliebhaber*innen* Und solche, die es werden wollen, Schwabenverlag, Ostfildern 1999, S. 18-26 (gekürzt) – Zit. nach: Pulsschlag der Kirche – Mission. Unterrichtsmodell für den RU. Aktuell Verlag, Aachen 1975

113 Foto: Andrea Peters-Daniel, Erlangen

115 Fotos: Ruth Iff, Rednitzhembach

116 Foto: Wilhelm Kienberger, Lechbruck

117 Gottes Gnadenstuhl, Miniatur aus dem Engelberger Psalterium, um 1335

118 Grafik in: Bibel heute, 38 (2002) Nr. 150, Katholisches Bibelwerk e.V., Stuttgart, S. 36

119 Benozzo Gozzoli (1420-1497), Traum des Papstes Innozenz III., Fresko, in der Kirche, heute Museum, St. Francesco in Montefalco/Umbrien

120 Foto: Wilkin Spitta, Mariaposching-Loham – Kösel-Archiv

121 Foto: Offizialatsrat Emmeram H. Ritter, Regensburg

122 Foto: Kösel-Archiv

124 Fotos: Kösel-Archiv

125 Foto: Kösel-Archiv

Die überwiegende Zahl der Quellenangaben ist aufgeführt. In Einzelfällen ließen sich die Rechtsinhaber oder Quellen nicht rekonstruieren. Für Hinweise sind wir dankbar. Sollte sich ein/e nachweisbare/r Rechtsinhaber/in melden, zahlen wir das übliche Honorar.